U0462157

正面管教

——请给孩子更好的

岳彩燕◎著

四川科学技术出版社

图书在版编目（CIP）数据

正面管教：请给孩子更好的 / 岳彩燕著 . -- 成都：
四川科学技术出版社，2017.12

ISBN 978-7-5364-8933-2

Ⅰ . ①正… Ⅱ . ①岳… Ⅲ . ①家庭教育 Ⅳ . ① G78

中国版本图书馆 CIP 数据核字（2017）第 328776 号

正面管教——请给孩子更好的

ZHENGMIAN GUANJIAO——QING GEI HAIZI GENGHAODE

著　者　岳彩燕

出 品 人　钱丹凝
策 划 人　王长江
责任编辑　罗　芮　康永光
封面设计　梁　霞
出版发行　四川科学技术出版社
　　　　　成都市槐树街 2 号　邮政编码 610031
　　　　　官方微博　http://e.weibo.com/sckjcbs
　　　　　官方微信公众员：sckjcbs
成品尺寸　170mm×240mm
印　　张　15　　字数 230 千
印　　刷　三河市金元印装有限公司
版　　次　2018 年 3 月第 1 版
印　　次　2018 年 3 月第 1 次印刷
定　　价　38.00 元
ISBN 978-7-5364-8933-2

邮购：四川省成都市槐树街 2 号　邮政编码 610031
电话：028-87734035　电子信箱：SCKJCBS@163.COM

每个做父母的都希望能给孩子最好的一切——给孩子吃最好的进口奶粉，给孩子买名牌的衣服，给孩子选择最贵的学校……所以，我们拼命努力赚钱，宁愿自己节衣缩食，也要给孩子创造更好的条件。但我们倾尽所能给孩子提供的，是不是孩子最需要的，是不是真的为孩子好？

在父母们忙着为了换大房子奔波而忽略对孩子的陪伴时，不要忘了孩子对物质的要求其实没有那么高。相对于住在大的房子里，孩子更希望父母多陪自己；相对于给孩子买的玩具是不是够多，够豪华，孩子更愿意你放下手机，离开麻将桌子，关心一下孩子的内心。孩子成长需要的不是豪宅，而是父母营造出来的平等、尊重、和谐的成长环境。

在父母们纠结于孩子吃得够不够好，吃鲍鱼和燕窝哪个营养高时，其实是将"最好的"定位在了生理需求上。父母们给孩子更好的关注应是孩子吃得够不够愉悦，怎样吃才更有意义。无论多忙，抽出时间给孩子做饭，让孩子在记忆中存储"妈妈的味道""家的味道"，不仅让孩子吃得健康、营养均衡，还能让孩子从食物中感受父母的爱，从而建立一种更为融洽的亲子关系。

在父母们给孩子精心挑选昂贵的礼物时，不要忘了最棒的玩具来自于跟孩子的互动——尽可能地抽出时间陪孩子一起玩耍，比如一起观察蚂蚁、一起堆沙堡，或者一起散散步也行。培养孩子想象力的机会无处不在，特别是在户外活动中。我们不妨在和孩子玩的时候问他一些问题，或者让孩子扮演某个特定的角色，可以是人，也可以是动物。经常问问自己：多跟孩子玩5分钟真的会妨碍自己处理其他事情吗？记住，最贵的玩具也不如父母的陪伴。

在父母们只盯着孩子的学习成绩、考试分数，唯恐以一分之差被好的初中、高中、大学拒之门外的时候，我们能给孩子更好的教育是良好的心理素质。孩子的一生中不可能一帆风顺，总要有波折、有起伏。当在人生低谷的时候，能不能坚持下来，能不能顶着压力坚持工作和学习，这些都是孩子需要具备的能力。"你只管好好学习，其他的都不用管"只会让孩子越来越依赖父母，无法独立。孩子迈出校门，步入社会，需要的是独立思考、与人合作、主动做事、自我控制等能力。

在父母们向别人炫耀自己的孩子听话、从来不和自己顶嘴时，要想想，一个木偶一样只会迎合你的孩子真的符合我们教育的初衷吗？因为孩子早晚都得脱离我们的视线，自己对自己负责。他必须自己决定自己的职业，自己的老师，自己的老板，自己的公司，是学工还是学商……每天面临的都是无尽的选择，需要很强的独立性、责任心、选择力、判断力等。父母能给孩子更好的是让孩子有自己的主见，有自己的想法，而不是单纯地听话，一味地听话。

一位著名教育家这样教育自己的孩子："在你的童年里，也许没有那么多补习班，没有那么多第一名和100分，没有那么多考试和比赛……但我尽可能给你更多机会，去野外，去自然，去看世界，去感受艺术，去探索，去研究科学，去运动，去阅读……我希望你长大了，这些宝贵的经历能帮助你独立地行走于这个星球上，成为一个真正自信、快乐、自由的人。"

巴金先生说："孩子们变好或变坏和他们受到的教育有关，有句话叫'先入为主'，所以父母是第一个老师，不能把一切推给学校。帮助孩子健康地成长，所谓培养、所谓教育，不过是这样一句话。我们希望子女成龙，首先就要尽父母的职责。"家庭教育是一个人接受最早、时间最长、影响最深的教育。只有父母不断地学习、不断地努力，无论在品德还是在学识上都是孩子的榜样，孩子才会成长得更好、更健康。

CONTENTS 目 录

第3章

更好的成绩，绝非考满分

第4章

更好的玩具，绝非昂贵的

第 5 章

更好的性格，绝非顺从父母

第 6 章

更好的人格，绝非盲目善良

第7章

更好的习惯，绝非按时吃饭按时睡觉按时写作业

第8章

更好的陪伴，绝非只看时间的长短

第9章

更好的爱，绝非一味付出和给予

第 1 章

更好的环境，绝非豪宅

1. 孩子对自己住的是别墅还是平房并不在乎

我们常在一些影视剧里看到这样的桥段：富人家的孩子住在豪宅里，身边有保姆照顾，周围有数不清的玩具。可这孩子却并不开心，他眼睛里充满了对外面与父母一起玩耍的孩子的羡慕。影视剧的素材来源于生活。或许，物质带给孩子的快乐远不及与父母一起学习、玩耍带来的快乐。

其实，孩子对"物质"没什么概念，所谓"高档""国际范儿"都是大人追求的，与孩子无关。花数百元给孩子买的玩具，可能还没有几元钱的彩球吸引他，至于什么牌子、哪个国家的，他更不关心。在孩子眼里，好看、好玩就行。

当然，我们为孩子提供富足的物质生活条件无可厚非，这能够大大地增长孩子的阅历和见识，开阔孩子的视野。不过，在当今社会节奏快、压力剧增的情况下，一些父母更多地是给孩子提供好吃的、好喝的，却因为忙碌而忽视了孩子的精神世界。这对孩子的成长并没什么好处。

一味地给孩子富足的物质条件，很容易让孩子养成依赖、懒惰、坐享其成的不良习惯，孩子因此缺乏自立、自强意识，最终变成温室里的花朵，一场突如其来的风暴就可以将他拦腰折断。而那些物质条件不好的家庭，更加关注的是孩子的内在需求，提升孩子的能力和素养，同样能培养出优秀的孩子。

Facebook 创始人扎克伯格的妻子普莉希拉出生在一个非常贫穷的家庭。她的父亲是旅居越南的华裔，1975 年，西贡陷落前后，他带着妻子以难民的身份移民抵达了波士顿，从此定居美国，养育了普莉希拉和她的两个妹妹。

普莉希拉的父亲必须每天在餐馆工作 18 小时，她的母亲不得不身兼两份工作。课余时间，普莉希拉要经常带着两个妹妹在餐馆帮忙干活，晚上一家人就在餐馆打地铺，第二天一大早普莉希拉再赶往学校上课。

虽然物质条件如此匮乏，普莉希拉的父母却一直鼓励她去追求自己的梦想。而普莉希拉的梦想就是考上哈佛大学。她为了实现自己的梦想，先提前做各种准备，比如在中学的时候就开始参加各种活动，这样可以在以后申请读哈佛大学的时候让自己的简历看上去更加吸引人。同时，她还主动询问自己的老师怎样才能考上哈佛大学。

普莉希拉非常独立，以至于后来扎克伯格问普莉希拉"你愿不愿意来和我一起工作"时，她却选择去一所小学当自然课老师。她并没有因为丈夫有钱而放弃自己的事业。

普莉希拉也非常自信。她不会因为自己胖、黑，就否定自己，急着去花钱整容。她对自己拥有十足的信心和正确的价值观。她曾告诉扎克伯格：人要役物而不是役于物。意思就是，物质是人用的，是为人服务的，而人不是被物用的，人不应该是服务于物质的。人是物质的主人。要是物质成了人的主人，那就弄反了。尽管普莉希拉从小生活的物质条件一般，她的内心却始终装着一片灿烂星辰。

只有孩子自己有内在的自信，才不会在这些外在的攀比甚至在舆论中迷失自我。而培养孩子的自信心，最重要的就是多给孩子创造成功的体验和机会，不论是孩子自己吃饭，自己穿衣服，抑或是孩子自己从高处稳稳跳下，或者是孩子自己安排自己每天的学习生活……

从简单的事情开始，在孩子有能力完成一些简单的事情后，再慢慢增加事情的难度。比如孩子刚开始完全不会穿衣服，我们可以先教他学会穿进去两只手，接着再教孩子学会把头也钻进去。又比如刚开始孩子不会写字，我们可以先教孩子学写一个笔画，接着再教孩子写另一个笔画，最后再教孩子学写一个字。刚开始这个字也许写得东倒西歪，没关系，鼓励孩子，让他看到自己成功地写出一个字。接着再让他通过反复练习，慢慢地把字写好。一个孩子在成长的过程中，成功的体验越多，那么他的自信心就会越强。

如今社会上有一种观点，说寒门再难出贵子，所以有些物质条件一般的家庭就开始恐慌，我们家孩子以后的出路在哪里？但其实，物质只是一方面，不是起决定作用的。最重要的还是我们父母自己的人生功底。一个善于学习的父母，他知道在养育孩子的过程中什么最重要，他愿意花大量的精力和时间来陪伴孩子成长，而不是忙着赚钱，最后花无数的金钱和时间来弥补过去的缺憾。

实际上，孩子根本不在乎自己住的是别墅还是平房，他最需要的是父母的笑脸和陪伴，说白了，就是"爸妈陪他玩"，与孩子互动可以让孩子建立起自我价值感，感受到父母的爱。如果你每天下班回家，都迫不及待地扔下包，躺在沙发上闭目养神，那么你应该改变一下：试着打起精神，陪孩子玩10分钟游戏，这对孩子的健康成长有很大的帮助。

孩子的成长，除了物质条件，更需要精神的抚慰。在我们身边，不乏学业、才艺优秀，但心理素质低、自理能力差、缺乏个性和主见的孩子。因此，我们最好把期待孩子成才的心理预期放平和一些，注重和孩子的情感交流，培养孩子良好的心态，使之身心健康、快乐地成长。

2. 对孩子来说，家庭和睦比住什么样的房子更重要

苏联教育家苏霍姆林斯基认为："家庭氛围既是进行家庭教育的前提条件，也是一种积极有效的教育方式。"如果说孩子是一粒种子，那么家庭就是土壤，家庭氛围便是空气和水。家庭氛围是属于家庭的精神环境，它往往是无形的，却对孩子的一生起着至关重要的作用。

5岁的晨晨吃过饭在自己的房间玩，突然听见父母的房门"砰"的一声关上了，晨晨惊了一下。接着父母的吵架声传了过来，晨晨悄悄地走出房间，探了探脑袋，又缩了回去，把自己的房门轻轻关上。父母的吵架声越来越响，晨晨换了一个又一个玩具，有些心神不宁，并开始敲打积木。突然，父母的房门开了，传来妈妈愤怒的叫嚷："晨晨，看你把客厅弄得乱糟糟的！"晨晨缩成一团，不敢吱声。

根据一项调查显示，孩子在3岁的时候，就能准确地判断家庭中的紧张气氛，并开始对家庭中出现的冲突表现出不同的情绪反应。超过1/2的孩子会感到情绪波动和沮丧，并强烈希望父母停止争吵。1/3的孩子表现出矛盾心理，在沮丧的同时又有点兴奋，这样的孩子容易出现攻击性行为。

调查还表明，绝大部分孩子认为自己是引起父母生气的主要原因。家庭成员之间发生矛盾冲突是常有的事，生气也不可避免，关键是选择发泄怒气的方式。谩骂和暴力是不可取的，更不能迁怒于人，把气撒在孩子身上。如果家长之间发生争执，尽量克制情绪，一旦有了火药味，不妨采取撤退的方法，暂时分开，不让怒火升级。如果孩子在场，可以告诉孩子父母争执的原因，以免孩子以为是自己惹父母生气而负疚。

我们要给孩子营造一个和睦的家庭氛围，尽量不在孩子面前吵架。因为父母敌意和冷漠的情绪往往容易影响孩子。他会认为父母不爱自己了，倍感伤心和无助。当孩子看到最亲密的人之间针锋相对，会认为最安全的避风港不复存在，内心涌起深深的恐惧。长此下去，孩子会变得感情冷漠、恐惧，对他人缺乏信任，行为上常表现为自卑、焦虑、易发脾气等，容易和不良少

年交往。

家是充满爱与温暖的地方，它是父亲的王国、母亲的世界、儿童的乐园。每个家庭成员都积极奉献自己的爱，那它就会更加温馨。良好的家庭氛围还需要成员之间互相关爱、尊重。人与人之间互相关爱、尊重是建立良好关系的基础。但是只有爱心，没有尊重是不行的，因为缺乏尊重的爱心有可能走向偏执，反而会伤害到对方。不论在夫妻之间，还是在两代人、三代人之间都是如此。

电影《国王的演讲》的主人公艾伯特家教严格，他从7岁时开始口吃。在某种程度上，是父亲和家中其他人对他的态度诱发了艾伯特的口吃。为什么这么说呢？

艾伯特的父亲乔治五世作风严厉强势，对孩子要求非常严格。刚开始，艾伯特由于紧张，偶尔有说话不顺畅的时候，他就会冲着他大叫："说啊！说啊！"艾伯特是左撇子，但被逼着使用右手写字；艾伯特是O形腿，就被强迫绑上腿形矫正器；艾伯特吃饭太紧张，导致自幼就患上了胃病……这些，都使艾伯特没有自信，从而口吃更加严重，到了无法正常交谈的程度。

而当艾伯特的哥哥以自信、聪明继承王位时，艾伯特则躲在哥哥的光环之下，孤独忧郁地度过了童年。治好艾伯特病的人是一位戏剧导演，他从心理上找到了艾伯特的病根，就是减少艾伯特的"挫败感"，尊重他，从不给他压力，帮他恢复自信。当艾伯特有了自己的家庭之后，与其父亲完全相反，对孩子非常宽容，他的两个女儿生活得非常快乐和自由——大女儿就是现在的伊丽莎白女王。

胡适曾说："一个人小的时候最是要紧，将来成就大圣大贤大英豪大豪杰，或者是成就一个大奸大盗小窃偷儿，都在这家庭教育四个字上分别出来。"我们每个人从脱离母体呱呱落地、降临人世作为一个社会成员起，首先接触到的便是家庭环境。可以说，家庭是孩子的第一个生活环境，家长，尤其是父母，是孩子不可选择的首任老师，而家庭教育是孩子接受教育的开端。

家庭环境将会影响孩子的一生。和谐的家庭环境能让孩子感到舒服和自在，他能从中感受到父母之爱和家庭的温暖，身心会得到健康的发展。反之，如果家庭不和睦，孩子就会生活在冷漠的环境中，长此以往，就会缺乏安全感。

那么，我们该如何在孩子的童年时期为孩子提供一个适宜的家庭氛围呢?

民主

不要专制、蛮横、独裁，尽量多地和孩子商量，倾听孩子的意见。

平等

尊重孩子的想法，不过多地干涉。

放松

父母太焦虑，孩子也会被传染。讲个笑话，看个幽默剧，让孩子放松心情，不要太紧张。

在孩子还小的时候，你种下什么种子，就会结什么果实；而且，一旦种子播下，后面无论你费多少工夫去修剪、嫁接，都很难改变；不要把眼睛只盯在成绩上，多花时间陪伴孩子，尊重孩子。切记，在生活中，你给孩子营造的是什么样的环境，孩子将来就容易成为什么样的人。

3. 吃什么不重要，重要的是和孩子一起吃

前段时间，一篇《我想和爸爸妈妈一起吃晚餐》的催泪作文刷爆了朋友圈。这篇作文的作者、11岁的女孩李诗怡，6岁就离开湖北老家，随打工的父母远迁江苏昆山。文中写道："到了昆山以后，爸爸妈妈工作忙，就连晚餐也在单位吃。"所以从小学三年级开始，李诗怡就学会了做饭，一个人做，

一个人吃，有时候没有菜，就做蛋炒饭。

为了让家里看上去不那么冷冰冰、静悄悄，李诗怡经常开着电视机吃饭，可还是会吃着吃着就特别想爸爸妈妈，想她的故乡。所以，在作文中李诗怡说："爸爸妈妈，希望你们能抽空陪我吃吃饭，我可以给你们做一桌好吃的，我也相信我的厨艺一定会让你们赞不绝口！"

在饭桌上吃饭，是一天中最美好、最放松、最平等的时光。爸爸结束了一天辛苦的工作，妈妈结束了一天的奔波，孩子结束了暂时的学习，接下来的时刻，就是一边吃饭，一边倾诉和倾听了。温暖的灯光，美味的晚餐，亲切的笑容，温柔的声音，都为晚餐增添了不少温馨氛围。

家里的每个人在餐桌上都可以谈谈自己一天的经历、见闻和感想。我们遇到的绝大部分问题没必要避着孩子进行，可以让孩子了解家里的经济情况、投资打算，商量家庭旅行计划……孩子作为家庭的一分子，有必要了解这个家庭的一切面貌。他也会因此从小就明白自己对家庭该负起的职责与担当，在这个前提下他会更好地成长。

讲讲自己正在读的书或者看过的电影，今天发生的新闻或者一个很好笑的笑话……餐桌上的话题可能来自报纸上的一篇报道，或者工作中的一件事，或者你与朋友的一次谈话……从我们讲述的内容与方式中，孩子就能自然而然地了解到社会与职场上的一些事情。

美国教育家路易斯在她的作品《唤醒孩子的才华》中写道："两年前，有人研究哪些因素促使孩子在学习能力倾向测试上得高分。智商、社会条件、经济地位都不及一个更微妙的因素重要，那就是得高分的所有孩子都经常与父母一起吃晚餐。"

另外，美国专家还做了一项研究，是关于"孩子和家人一起吃饭的频次与营养健康状况的关系"。研究数据表明，如果每周能有三次以上和父母一起吃晚餐，孩子发生肥胖的风险会明显降低，吃不健康食物的数量减少，吃更多的蔬菜水果等健康食物，患上厌食症、暴食症等进食紊乱症的危险也会降低。

同时研究也显示，能够经常和父母坐在一起共同进餐的青少年，与那些与父母共同进餐每周不足两次的孩子相比，不仅在学习成绩上明显优秀，而且较少出现情绪抑郁，较少沉迷于烟酒等不良嗜好。

教育专家认为，一起吃饭是父母教育孩子的最好时机。事实上，真正懂得珍惜和孩子一起吃饭的时光，有这个意识的家长通常不会在饭桌上一味说教而忽略孩子的感受。他们更多地是把饭桌时间作为交流的时光，只谈轻松愉快的事，让就餐变得没压力，比如问一些愉快的问题："今天有什么事让你觉得很开心啊？""你今天学到了什么？""哪个同学帮助你了？"

让孩子参与到这种交流过程当中，我们可以倾听孩子的心声，了解他的喜怒哀乐。反之，如果我们执着于在饭桌上说教而不是交流的话，那孩子通常是低着头吃饭，心里堵着气，我们教育的话语并不会产生多大的效果，孩子口中答应着，心里实则反抗。

那么，我们作为家长，应该在餐桌上怎么做呢？

教孩子孝敬长辈

当一家人在一起吃饭的时候，我们要先把营养丰富、好吃的让给自己的父母，或者父母牙口不好，给他们夹容易咀嚼的食物，要以身作则地告诉孩子孝敬长辈的重要性。另外，我们还要教育孩子，在吃饭时先请家中长辈入座，待长辈坐定后其余人再依次坐下，并先给长辈盛饭。当长辈还未动筷之前，晚辈不应抢着吃。通过饭桌上的这些细节教育孩子从小养成尊老敬老的习惯。

教孩子懂得珍惜和感恩

我们要教育孩子懂得爱惜和珍惜每一粒粮食，理解"谁知盘中餐，粒粒皆辛苦"的意思，进而知道感恩，感恩大自然赐予人类食物，感恩那些辛勤劳作、种植粮食和蔬菜的人们，也感恩为我们精心制作食物的家人等。

在韩国，每次吃饭前，家中年纪最小的孩子，都会恭恭敬敬地对饭桌上的长辈们说："谢谢你们给了我这么一顿丰盛的饭菜！"

珍惜和孩子就餐的时光

很多父母不和孩子一起吃晚餐，或者在他吃晚餐的时候看电视，甚至有一些家庭成员会在自己的房间就餐，这样是极不好的，我们要珍惜陪孩子就餐的时光，不接电话，不玩手机，不看电视，吃饭时好好吃饭，为孩子做好榜样，这也有助于培养孩子良好的社交礼仪。

如果我们真的爱孩子，就花一点时间和他一起吃饭，给他亲手做饭，让他参与家庭购买食物和烹调食物的活动。让共同用餐成为家庭生活的重要仪式，把健康带给他，让乐融融的幸福感觉永远留在他的记忆中。

4. 去哪里谋生不重要，重要的是把孩子带在身边

是把孩子送回老家让老人看管，还是咬紧牙关、勒紧腰带把孩子带在身边？这可能是很多在大城市打拼的父母们两难的抉择。

美国心理学家埃里克森在对人格发展的研究中指出，1岁是人格发展中的第一个转折点，如果在这之前孩子无法得到充分的关爱和照顾，将使他产生基本的不信任感，那么这个孩子一生都会对他人表现出疏远和淡漠。

不管去哪里谋生，即便再累再辛苦，孩子还是应该和妈妈在一起。这不仅是出于妈妈的职责所在，也在于让孩子的心理、人格朝着良性方向发展。

在育儿网上，很多妈妈都问过这样一个问题："我和老公都得上班，孩子没人带，我不想辞职，但把孩子送回老家吧，又怕对孩子成长不利。我该怎么办？"

一位妈妈的回复，让那些困惑的妈妈立即就下了决心，一定要把孩子带在身边。这位妈妈把4年前写给儿子的一封信如实地展现给大家。信中这样写道：

"儿子，今天你又冷漠地拒绝了妈妈的拥抱。接你回来已经三天了，你给了妈妈无数的甩头，生人熟人你都让抱，唯独我，生你的妈妈，却不能抱你，不能碰你，甚至不能单独和你待在一起，仿佛我是哪里的怪物对你发发可危。每当这时，妈妈的心好痛好痛。自己十月怀胎、日夜想念的儿子，终于回来时，却感觉远在天涯。这还是我的儿子吗，还是吗？"

接着这位妈妈向大家叙述了在儿子8个月时，迫于家里的经济压力，自己不得不把孩子送回老家，重新进入职场，面对着随时更新的东西不仅要没日没夜地学习，还整日忙得焦头烂额。她对儿子说，这期间自己无时无刻不在想他，一遍遍翻看儿子的照片，一次次想象儿子的样子，会爬了吗？长了几颗牙？想妈妈吗？

在她的工作稳定下来后，终于决定把儿子接回身边，可是仅仅两年，一切都变了。她的儿子好像对她充满了陌生、敌意。她简直伤心欲绝，"儿子，你现在就睡在我身边，我却觉得你离我好远。你能告诉妈妈，这样的抵抗多久才能消失？妈妈真的很爱你，希望你能快快长大，能原谅妈妈，理解妈妈。期待着你快点回来……"

现代社会，人口流动性变大，人们从农村走到城市，从一个城市走到另一个城市，从一个国家走到另一个国家。越来越多的孩子和父母两地分居，不光是农村有留守儿童，城市也有很多留守儿童。有些父母由于租住的地方太小、工作繁忙等现实中各种各样的困难和孩子分居两地，或者只做周末父母，这隔离了孩子与父母的交流，割裂了孩子了解父母生活的纽带。

现实中有很多孩子因为孤独、无助、疏于管教、溺爱而成为"问题儿童、问题少年"。2015年，贵州毕节4名留守儿童死亡（系兄妹），疑似集体喝农药自杀，最大的13岁，最小的5岁。对于四兄妹的悲剧，当地许多村民归结为孩子们严重缺乏父爱母爱的结果。2016年，广西一名9岁的留守儿童自杀，原因是得知妈妈又不回家过年了。2017年的除夕夜，云南一名15岁的少年喝农药自杀前写下遗书："爸，我死了，你就高兴了。"自杀的原因是长期和爷爷奶奶生活的他，性格孤僻、内向，而爸爸一回家就对他又打又骂，父子关系一直很紧张。

其实，这些让人悲哀的事情早已不是个例了，因为爸爸妈妈不在身边，孩子自闭、容易被欺负，受到伤害也无人可以诉说，以致最后伤害自己、伤害别人！作为父母，我们都想把最好的爱、最好的物质条件给孩子，希望孩子开心幸福。但是只有把孩子带在身边，才可以时时刻刻给他关爱，给孩子教育和引导。

无论去哪里谋生或工作，带上孩子，和孩子共享一个家。也许会有很多困难，但是只要我们把这当作一个信念，一个生活的必需品，那办法总比困难多。心理学家和育儿专家指出，父母对于孩子身心成长的意义比人们想象的重要得多。如果能更多地参与孩子的培育，对孩子也是一种更持久的幸福。

儿童教育心理学家认为，父母自己带孩子，在孩子个性心理发展上有着不可比拟的优势。母亲与孩子近 10 个月的共生生活造就了彼此心理上的无比亲密，"母子连心"，这是父亲和任何看护人都无法取代的。只有母亲才能本能地觉察孩子的需要和面临的危险；只有母亲才能本能地给孩子安全感和满足，孩子身心的健康成长尤其需要母亲不间断的关怀。

而孩子 1 岁半之后，父亲的作用又在于引导孩子独立探索外部世界，形成独立安全感。所以，不管我们现在采用的是何种抚养方式，都应该更多地参与孩子的身心成长和教育。然而对于那些不在孩子身边的父母，我们要让孩子知道我们是爱他的，尽量弥补孩子心中不管什么原因造成的情感缺失。

经常给孩子打电话，和他聊聊他感兴趣的事，而不只是关心学习成绩。

经常和孩子视频聊天，让他感觉仍然和我们在一起。我们可以问问他最近都吃什么好吃的了，又交了几个好朋友，再给他讲讲我们工作中的趣事，以朋友的身份和他沟通。

外出或出差回来后，可以给孩子带一些玩具、好吃的东西，让他到学校去"宣扬"爸爸妈妈对他的好，建立他的自尊心。

孩子是这个世界的小天使，每一对父母都有抚育他的责任，除了在生活上的照顾外，有时候，心理上的关爱更加重要，这关系到孩子日后基本心理素质的养成。尽自己最大的努力把孩子带在身边，陪伴孩子成长，这是我们能给他的一生中最好的礼物。

5. 房子装修不需要多豪华，但一定要随时随地都有书

促进孩子读书的方式多种多样，但有一个非常简单的办法，就是在家里营造出一种能让孩子常常看到书，又方便拿到书的氛围，利用儿童书架是一个很好的办法。

无论家的面积大小，能隔出1平方米的空间，哪怕是一面墙、窗台、储物间、阁楼……有方便自主阅读的书架、舒服的毯子、柔软的靠垫、一盏温暖的台灯，就是一个让孩子安静自由、心灵放飞的读书角。

美国一位叫做玛德琳的妈妈，有一天带孩子们去当地的儿童博物馆，那里有一个读书的小角落，结果孩子们立刻"入住"并开始安静地阅读。她立刻明白了读书角对孩子阅读的吸引力和正面作用，产生了在孩子卧室里做一个读书角的想法。

她花了一个周末，自己设计、自己动手，完成了一个孩子们超级喜欢的读书角。其实玛德琳制作的读书角非常简单，就是在两面墙的90度夹角位置搭了一个帐篷。把柔和温暖的灯挂在帐篷里面，再放上几个靠垫、玩偶，孩子们坐在毛茸茸的毯子上就读了起来。

读书角的设立不仅可以提升孩子的阅读兴趣进而提高孩子的写作水平，还可以让孩子通过书本之窗看到更广阔的世界。然而对于一个还不识字的孩子来说，对于书籍的认知和理解显然不是通过文字，而是通过图画。但书柜

中一本本码放整齐的书，仅靠露出来的书脊上那小小的书名，就让幼小的孩子通过这"天书"一般的汉字对某本书产生认知，产生好感，并且有了想听这书中故事的冲动，是非常有难度的！所以，对于孩子而言，露出最吸引他的封面，是让孩子主动阅读的第一步。

此外，孩子的专属书架要区别于其他书架，首先必须与孩子的身高相匹配。在孩子的眼里，家里很多高高大大的家具都是爸爸妈妈的，只有自己的小桌子、小椅子、小玩具架等这些小小的东西才是自己的。想让孩子认为某样东西是自己的，必须"小""矮"。具体的高度和大小，要考虑孩子看书的姿势，坐在地垫上看书和坐在书桌边看书，所需书架的高度和大小肯定是不一样的。

书籍摆放直观，书籍拿取方便，孩子的阅读随时随地都会开展。所以，孩子有了属于自己的书架，就会成为书籍的主人、阅读的主人，为自主阅读和阅读习惯的养成奠定基础。

在确定了书架的样式和格局之后，书架的选材直接关系到孩子的健康和安全。我们通过对实木、板材、塑料、铁质进行对比后发现，铁质是比较好的选择，表面喷塑工艺也比较成熟，因为不含胶，所以不用担心味道的问题，而且通透，外观精美。

还有一点，铁质的承重力是前面几种材料都没法比的。承重力可是直接和孩子的安全息息相关的。一是书本身就重。二是孩子喜欢爬书架，或者是坐在书架上。总之，孩子会把书架当成玩具来玩。如果书架的零件是组合拼装或折叠的，就可能存在安全隐患。在选择铁质的框架时要挑选够粗够密的，这样承重力才够，孩子爬爬跳跳也不会受影响。

随着孩子的成长，书会越来越多。随着书数量的增多，书架也要"跟上步伐"，要随时准备添置。在增加数量时，往往要重新排排位置，以便更合理地利用空间，这就要求书架能灵活移动，随时为孩子搭建出最便捷舒适的阅读空间。

与孩子一起打造家庭图书角，让孩子爱上读书，下面有几个简单的儿童阅读区域设置方式供选择。

布艺书架

我们可以把家中废弃的窗帘、床单、衣服等改装成书架。制作过程非常简单，我们只要购买几根长的铁制的圆棍就能制作成功。

调味品架变身书架

我们可以把厨房用的调味品架拿过来，钉在孩子的房间里作为展示书架，这不需要多大的空间，简单方便。

百叶窗书架

我们可以把一个旧的或新的百叶窗横过来，然后钉在墙上，就可以变成一个创意十足的书架。

壁画与书架

我们可以考虑在孩子的书房画一幅巨大的壁画，如一棵树，而树干就是孩子的书架。还可以从"树枝"上悬下来一个吊袋。

抽屉柜书架

如果房间里的空间比较狭小，墙面也不够，我们可以在孩子床头的抽屉柜两头增加书架隔板，抽屉柜就立即变身成一个多功能书架。

阅读，是孩子从小培养出来的好习惯，需要我们加以重视与引导。让孩子爱上阅读时光往往是从一个小小读书角、一个书架开始的。给孩子设置一个创意十足的书架，让孩子的灵魂在美好的阅读时光中飞舞。那简单的书架，也是我们给孩子最好的礼物。

6. 别指望一边打麻将，一边还能培养出一个热爱学习的孩子

如今，不少家庭的生活条件优越，生活用品样样齐全，唯独缺少有助于孩子心理成长、心灵丰富的书。很多家长把官场、生意场上的一些观念、做法带回家，或者是过多地满足孩子物质上的需求，一切向钱看，向名牌看，让孩子深受其害，不重视阅读。更有甚者，有些父母要求孩子读书，自己却整日打麻将，或者沉浸在肥皂剧、网络游戏中难以自拔。俗话说："言教不如身教。"一个不喜欢阅读的家长确实很难培养出爱阅读的儿女来。

许多爱读书的孩子表示，他们热爱读书是因为受到父母等家庭成员热爱阅读的影响。所以作为家长，我们即使不去读那些经典名著，也要有读报纸杂志的习惯。每天，在晚餐后的一段时间里，家庭成员能在柔和灯光的陪伴下，每人手捧一本书或一份报纸，为自己的家庭创设一个宁静、温馨、舒适的阅读环境。这要比你说上千百遍的"快去学习！快去读书！"效果好得多。

当代哲学家、学者周国平讲过这样一个故事：

他的女儿啾啾从 4 岁起就迷上了阅读。她从幼儿园一回来，总是鞋都来不及脱，就挑一本书坐在地毯上读起来。她告诉妈妈："我看书的时候，感觉自己就好像在里面似的。"

周国平说道，啾啾会和妈妈各捧一本书读，当保姆催她们俩吃饭的时候，两人都充耳不闻。周国平问啾啾："我们是不是应该把妈妈手里的书没收？"啾啾抬头看他一眼，说："不，我快要跟妈妈一样了。"

周国平还说，在学习上，啾啾是完全不用他们操心的，她乐在其中，自己把一切都安排好了。每天放学回来，啾啾就坐在她房间里的桌前忙乎。做作业是丝毫不需要督促的，做完作业，就自己想出一点事来做。

啾啾的班主任曾多次问周国平："你们是怎么教的？"周国平心想，我们没怎么教呀。如果一定要找原因，大约是得益于熏陶吧。爸爸妈妈都喜欢读书，女儿自然也会耳濡目染。他深信，熏陶是不教之教，是最有效也最省力的教育，

好的素质是熏陶出来的。

一个父母从不阅读的家庭，孩子很难知道阅读为何物，更无法体会到阅读的乐趣。或许，教孩子读书最好的办法，就是我们带头和孩子一起读书。我们是孩子的第一任老师，也是孩子最初的榜样与模仿者。换句话说，我们希望孩子表现出怎样的行为，我们就应该先做出怎样的行为。

我们勤奋好学，在工作之余也不忘读书学习，刻苦钻研，不断地充实自己，不仅能为孩子树立一个热爱学习的好榜样，也在无形中传达一个暗示：学习是一件很重要的事情。在这样潜移默化的影响下，孩子会在不知不觉中提高学习的兴趣，自觉地加入父母的行列，一起努力学习。

我们经常会听到家长抱怨，自己的孩子不爱读书，或者自己千方百计地为孩子选购的图书，孩子不喜欢。其中的原因不外乎两点：第一，孩子从小没有养成阅读的习惯。第二，家长从没有陪伴孩子阅读的经历；家庭缺乏很好的阅读氛围，家长早期忽视了通过亲子共读与孩子建立良好的交流沟通渠道。

在孩子还小的时候，亲子共读能培养孩子的学习兴趣，还能培养口语表达能力、拓展思维等。更重要的是，给父母创造与孩子沟通以及分享读书乐趣的机会。然而，有些父母把亲子共读当成牺牲自己的时间来陪伴和教育孩子。澳大利亚的亲子共读专家福克斯曾说："家长不用把朗读看做'这是为了孩子好'，而应严肃地看待这件事情。"

亲子共读是两个生命互相亲近、互相影响的快乐时光，一个是新鲜而充满无限可能的小生命，另一个是成熟但并不完美的大生命。在亲子共读的过程中，孩子向我们学习，我们也向孩子学习，我们和孩子一起学习。

除了和孩子一起阅读，为孩子营造良好的阅读氛围，我们还要做到以下几点来给孩子创设良好的学习环境。

准备一个专门的学习场所

在有条件的情况下，我们要为孩子准备一个专门的房间让他安心学习。

房间的布置整洁舒适就好，不需要太多的装饰。同时也不要把电脑和电视机放在孩子的房间里，要把玩具收起来不让孩子看到，以免在孩子学习的时候分散注意力。在没有条件的情况下，最好为孩子准备一个学习角，让他能够安心学习。

保持学习环境安静、不受干扰

为了孩子免受干扰，我们要监督孩子远离电脑、电视机、手机和玩具等，也不要让孩子一边学习，一边做其他事，造成注意力不集中。另外，孩子学习的时候，我们也不要在家里看电脑、电视，打麻将，大声谈话等。

营造温馨和睦的家庭环境

温馨和睦的家庭环境有利于孩子的身心健康成长，能给孩子足够的安全感，让孩子心无旁骛地投入学习，因此，我们要努力地为孩子构建一个温暖和睦的家庭环境。夫妻之间要相互尊重、相互理解，即便发生矛盾也不要当着孩子的面争吵，以免让孩子感到焦虑和不安。

苏联儿童读物作者米哈尔科夫曾说："无论孩子们的家庭和学校生活多么有趣，可是如果不去阅读一些美好、有趣和珍贵的书，就像被夺去了童年最可贵的财富一样，其损失将是不可弥补的。"因此，如果忽视对孩子的阅读能力和习惯的培养，其实就是剥夺了孩子一生最珍贵的一笔财富。

7. 只做孩子学习的"监工"，孩子迟早要厌学

有这样一位父亲，从孩子出生后，就坚持"陪着"孩子。当孩子与孩子玩的时候，他就看着孩子怎么玩；当孩子学习的时候，他就把电视机关掉，

坐在孩子旁边监督孩子学习；当孩子需要休息的时候，他就给孩子规定时间，不让孩子过多地休息。在这位父亲的努力下，孩子的成绩在班里名列前茅，这也是父亲的骄傲。

但是，在孩子要参加中考之际，却失踪了！后来，孩子被我找到后这样说道："爸爸对我的爱太沉重了，我感觉自己总是被他监视着，一不小心就会做得不好，很恐惧自己考不了好成绩，不想学习了！"

我们大多数父母都在不知不觉中扮演了孩子的监工，总是监督孩子的各种行为，生怕孩子做出一些不正常的行为。而这种监视却让孩子的心理承受了巨大的压力，对孩子来说这并不是他所需要的。明智的父母只是在孩子需要的时候陪伴孩子，在孩子忙于自己的事情时，则给予孩子充分的自由，让孩子自己安排他的时间。这样，每个人都有自己的空间，相处起来就会比较融洽。

青少年教育专家尹建莉曾说："人的天性都是追求自由的，任何为儿童所热爱的事情，当它变成一项被监督完成的活计，让人感到不自由时，其中的兴趣就会荡然无存。家长陪着学习的时间越长，扮演的角色越接近监工。而孩子从骨子里是不喜欢一个监工的，他最多表面上暂时屈从他，内心绝不会听他的话。所以说，陪孩子写作业，不是培养孩子的好习惯，而是在瓦解好习惯，是对儿童自制力的日渐磨损。"

陪孩子写作业还有一个坏处是，有些家长因为陪孩子付出了时间和辛苦，就产生讨债心理，当孩子成绩不好或习惯不好时，就会说：我花那么多的时间陪你培养习惯，你居然学成这样！这样的话容易让孩子丧失自我管理的信心，同时也会产生负罪感，这对孩子的身心成长没有好处。

尹建莉曾经在她的书中讲过这样一个故事：

有一天放学回家后，她的女儿圆圆一直没写作业。她先看动画片，饭后玩了一会儿玩具，然后又看书，又看会儿电视。到了洗脸刷牙要睡觉时，才想起当天忘了写作业，急得哭起来。尹建莉和丈夫同样着急地问："是吗，你今天没写作业？"

　　他们只表示了微微的惊讶，没有一点责怪的意思。然后他们又语气平和而友好地对她说："宝贝不要哭了，谁都会有忘记什么事情的时候。我们现在想想怎么办吧。"又过了一会儿，尹建莉对圆圆说："你愿意今天写，就晚睡一会儿，马上就去写；要是想明天早上写，妈妈就提前一小时过来叫你；如果明天早上也不想写，就去学校和老师说一下今天的作业忘写了，这一次就不写了。"

　　出于对作业的责任意识、自尊和对老师批评的惧怕，圆圆决定立刻就去写，晚睡一会儿。尹建莉和丈夫对她说："妈妈爸爸去睡觉了，你写完了自己回房间睡吧。"他们假装关灯睡了，静静地听着圆圆的动静。圆圆大约写了十几分钟，写完后自己收拾书包去睡了。从那以后，圆圆很少忘记写作业。

　　法国思想家卢梭说："为了使一个孩子能够成为明智的人，就必须培养他有自己的看法，而不能要他采取我们的看法。"孩子的自信心和决断力不是生来就有的，要想让孩子早具备这种能力，父母应早给孩子锻炼的机会，让孩子多经历一些事情。作为父母，应该丢掉成年人的认识架构，以孩子的眼光来理解他的世界，并给予适当的引导，使他通过自己的经验学到知识。

　　然而，有的妈妈会说："我的孩子注意力不集中，没人看着就不做作业。"的确，并不是所有的孩子都能自觉地写完作业。此时，我们给孩子的不是监督，而是陪伴。我们可以在孩子写作业的时候，去读一本书，写一点东西，安静地做自己的事。

　　最没有意义且容易产生不良影响的陪伴就是在孩子学习的时候，自己却拿着手机玩个不停，这样会严重影响孩子的学习态度。孩子的天性便是模仿父母，我们的一言一行对孩子来说至关重要，所以，放下手机，多多提升自己吧！

　　在陪伴孩子学习的同时，我们还可以一点一点地帮助孩子养成自主学习的好习惯。那么，在培养孩子自主学习习惯的过程中，我们家长应该注意什么？

启发式方法

我们不要直接给孩子问题的答案，或者帮助他完成某一项作业，要善于引导孩子去解决问题。

让孩子自主学习

我们可以引导孩子制订计划，自我安排学习时间和任务，而不是每天放学回到家就听从安排：什么时候做作业，什么时候玩，形成一种绝对支配和被支配的关系，这对孩子的学习是不利的。

进行鼓励和表扬

我们要对孩子的每一点进步及时表扬和鼓励，培养孩子的学习兴趣，让孩子体验学习的快乐。

创造舒适的家庭气氛

学习是一种独特的大脑活动，需要舒适的气氛，我们要尽量给孩子营造一个安静的、无噪音的和不受干扰的学习环境。

营造宽松的学习氛围

孩子放学回来不要频繁地问孩子今天学的什么，学得怎么样，听懂了没有等类似问题，这样可能会给孩子造成学习压力。大脑如果处于恐惧和压力之中，是不可能出现积极状态的。我们可以适当地问问孩子，晚餐想吃什么，今天在学校里发生什么高兴的事。

我们不要一味地关注孩子的成绩，每天监督孩子的学习，这样只会让孩子的内心越来越压抑，对学习越来越没有兴趣，越来越不能在我们面前表露出真实的自己，从而向我们关闭心门。

8. 平等和谐的亲子关系胜过许多教育

中国台湾作家龙应台在写给儿子安德烈的信中讲了这样一个故事：

一天晚上，龙应台和安德烈在阳台上谈话。安德烈对她说："妈，你要清楚地接受一个事实，就是你有一个极其平庸的儿子。"当时安德烈坐在阳台的椅子里，背对着大海，手里点着一支烟。

龙应台心想，如果自己的朋友看见安德烈在她面前抽烟，一定以一种不敢相信的眼光望着她，"他怎么能在母亲面前抽烟？你又怎能容许儿子在你面前抽烟？"

龙应台说，她认真地想过这个问题。她不喜欢别人抽烟，因为她不喜欢烟的气味，更不喜欢自己的儿子抽烟，因为抽烟可能给他带来致命的肺癌。可是，她的儿子已经21岁了，是一个独立自主的成人。成人，就得为他自己的行为负责，也为他自己的错误承担后果。一旦接受了这个逻辑，安德烈决定抽烟，她为什么不准呢？她有什么权力来约束他呢？

当龙应台看着安德烈点烟，抽烟，吐出一团青雾时，恨不得把烟从他的嘴里拔出来，丢向大海。可是她在心里对自己说，请记住，你面前坐着一个成人，你得对他像对待天下所有成人一样。你不会把你朋友或一个陌生人嘴里的烟拔走，因此，你就不能把眼前这个人嘴里的烟拔走。他早已不是你的"孩子"，他是一个"别人"。

家庭教育，其实是家长与孩子心理沟通的过程，是一场心理战，所以，家庭教育是要讲究策略的。有些家长受传统观念的影响较深，认为孩子理所当然地应该听父母的，他们常常以自己为长辈而自居，习惯于对孩子居高临下，喜欢对孩子发号施令，要求孩子对自己唯命是从，孩子稍有些不顺从或有些异议，便采取高压政策把孩子的嘴堵上。

但是这些家长忘了，孩子在一天天长大，已经开始有了自己的主意和想法，不会再像小时候一样简单地服从和遵从家长的命令。当他认为自己是对的时候，会坚持自己的意见；当他认为自己没有受到家长公平待遇的时候，会表示不满，甚至会逆反。

因此，我们作为家长，要想减少和孩子冲突的发生，必须改变原有的做法，把自己放在和孩子平等的地位上，像对待成人一样对待孩子，像对待朋友一样与孩子沟通和交流。

遇到问题时，应当多听听孩子的意见和想法，和孩子一起探讨解决问题的办法，如果孩子说得确实有道理，应该积极地采纳并对孩子做一番表扬。即使孩子的观点不正确，我们也不能指责或者训斥孩子，而应该耐心地教育和引导，告诉他这样做的利与弊，让他明白为什么应该这样做而不能那样做。

心理学家指出，一个人只有在自尊自愿的状态下，才能够释放出自身的潜能。父母要懂得尊重孩子，把他当成一个独立的人格平等对待，不应因孩子年纪小而漠视他在家中的地位。在平等民主的家庭氛围中，孩子才会健康、愉快地成长。

有一个小学五年级的男孩，写作业坐不住，妈妈说了很多遍都没有用，于是这个妈妈就请教了心理学家，按心理学家说的办法一实践，挺有效果。那她是怎么做的呢？

第一步就是观察原因。孩子到底是为什么坐不住的？原来这个孩子写一小时作业站起来七回，一会儿打开冰箱找吃的，一会儿开电视看看，一会儿站在窗前望望院子里的情况……第二步开始引导。妈妈跟孩子说：“儿子啊，你是个很聪明的孩子，只要好好学习，肯定能学好，但是我刚才给你数了一下，你写一小时作业站起来七回，是不是有一点多啊？”儿子一想妈妈都看到了，还数了站起来七回，有点不好意思。

妈妈最有水平的话在后面。妈妈说：“儿子，我看你写一小时作业站起来三回差不多了吧。”儿子心想，妈妈挺不错，还让我站起来三回，就说：“三回就三回。”妈妈说：“军中无戏言，如果你写一小时作业站起来的次数不超过三回，那么当天晚上的动画片你随便看，可有奖励也会有惩罚，如果你写一小时作业站起来超过三回，那么当天晚上什么电视都不能看，说话算话。"儿子说："没问题。"这样母子达成了协议。

第一个星期，儿子有三天做到了。第二个星期，孩子写作业刚坐一会儿就想站起来，但是马上想到不行，自己只有三次站起来的机会，得省着点用，这样晚上才可以看动画片，于是就忍了下来。经过一个月的训练，儿子能做到一小时站起来不超过三回了。妈妈说："不错啊，我看你很有潜力，一小时站起来不超过两回能够做到吗？"儿子说："两回就两回。"

在家庭中，亲子关系较好，父母与孩子之间的沟通顺畅，孩子往往不需要父母督促而主动地学习、上进。相反，亲子关系紧张的家庭，不管父母怎样教育，结果都是"恨铁不成钢"。其实，并不是孩子笨，而是孩子有心结，亲子沟通的障碍导致孩子产生了逆反心理。

英国教育家斯宾塞说："孩子在想什么？面临怎样的问题？孩子的内心世界就像一个藏满秘密的盒子。在这个盒子里，有动物，有人物，有梦境，有情绪，杂乱无章地塞在里面。如果不经常打开来看看，有一天当你不经意地打开时，也许会从里面跑出来一只老鼠，吓你一大跳。"成功的父母，能掌握与孩子沟通的技巧，并成功地引导孩子。这样的父母，不仅能达到引导孩子行为的目的，还可以教养出有主见的孩子。

那么，我们该如何和孩子进行沟通呢？

蹲下来同孩子讲话

我们蹲下来，同孩子脸对脸、目光对视着讲话，体现了对孩子的尊重，也体现了对孩子的事情持认真负责的态度。同时，我们可以轻声细语地耐心说服教育孩子，而不是居高临下地大声呵斥。

这样能促使孩子意识到自己同我们是平等的，有利于从小培养孩子的自尊、自信与合作精神，也能帮助孩子认真地对待自己的问题或缺点，也为孩子创造乐于接受教育的良好心境。

学会倾听孩子的心声

学会倾听，是沟通的第一步。只有倾听孩子的心里话，知道孩子想什么、关注什么和需要什么，我们才能有针对性地给予孩子关心和帮助，也会使以后的沟通变得更加容易。

当孩子要与我们沟通时，我们不妨先坐好，停下手上的工作，安静地看着孩子，不去打断他的话，全神贯注地倾听，不左顾右盼。这等于告诉孩子：我是重视你的，我在认真地听，在注意你所说的一切。如果我们这样做了，孩子就可能对我们说出埋藏在心底深处的话。

用爱温暖孩子的心灵

当孩子表现出色时，我们要由衷地赞扬；当孩子缺乏自信时，我们要给他支持和鼓励；当孩子遇到挫折和失败时，我们要安慰和拥抱他。父母的爱，可以温暖孩子的心灵，让孩子更加信赖我们。

此外，与孩子沟通之前，我们必须清楚地知道自己为什么要和孩子沟通，沟通的目的究竟是什么。事实上，父母和孩子沟通，是为了促进与孩子之间的关系，在良好亲子关系的基础上，去教育孩子，激励孩子，帮助孩子实现理想。从这个意义上说，建立了良好的亲子关系，就等于教育成功了一半。

第 **2** 章

更好的食物，绝非燕窝鱼翅

1. 给孩子吃的，不是只买贵的

随着人们生活条件的改善，加之频频发生的食品不安全事件，越来越多的父母相信：贵的才是好的，贵的才是安全的。

俊哲的妈妈是个高龄产妇，年近 40 岁生下了俊哲。她对自己的宝贝儿子呵护有加，有求必应。她恨不得把她知道的、她听说的、她看来的那些最有营养的、能让孩子更聪明的东西，都买来给俊哲吃，唯恐委屈了自己的孩子。可结果呢，俊哲不仅挑食、厌食，还三天两头生病，长得像个"小豆芽"。

的确，孩子的生长发育需要摄取充足的营养，以满足他的需要。但这里所说的摄取营养，首先就要求全面、均衡，要选对的，而不只是贵的、好的。

近些年来，儿童食品品种层出不穷，琳琅满目。但让部分家长觉得"不值"的就是儿童面条。林女士从孩子吃辅食开始就购买儿童面条，"但我发现现在高端的面条越来越多了。"她说，"最近看到一种盒装的面条，售价竟要 39.6 元，而中国香港、日本等地的儿童面条也来抢占市场，价格从 20 元到 50 元不等，虽然这些面条都添加了菠菜汁、野菜汁等成分，但对于这种高消耗食材来说，我们真快吃不起了。"

　　那么这些价格昂贵的儿童食品真的是在质量、营养上更胜一筹吗？一些研究儿童食品的专家将儿童食品的配料表和营养成分表与同类产品进行对比：一种儿童包子只是比普通包子多了炼乳、可可粉及羟丙基二淀粉磷酸酯（增稠剂）；一种儿童水饺和普通水饺相比，儿童水饺的添加剂主要是复配乳化剂，而普通水饺的添加剂则比较杂乱；还有的新上市儿童水饺声称不添加防腐剂和人工合成色素，但仍含有香辛料、味精、碳酸钠等食品添加剂。

　　而在营养成分表的对比上，儿童食品与普通食品中的能量、蛋白质、脂肪、碳水化合物和钠的每百克含量及其营养素参考值也没有太大区别，某品牌的儿童系列与成人系列对比数值几乎重合，另一品牌的对比数值有轻微的差异，均在零点几之内。此外，专家还表示，由于我国尚无"儿童食品"这个概念，因此生产标准与普通食品差异不大，国家只对婴幼儿食品如乳粉、辅食等有生产标准，但儿童食品却没有。因此，一些声称"价格高、营养也高"的儿童食品不过是生产厂家的营销噱头。

　　在母婴频道，有个网名"清韵"的妈妈问道："我家宝宝1岁了，宝宝现在在断奶，我去超市给他选奶粉，牌子很多，种类也多，价格差别很大，是不是越贵越好呀？"

　　一位有经验的妈妈回复道："并不是奶粉越贵越好，只要适合宝宝的奶粉就是好奶粉。现在宝宝1岁了，要以奶粉为辅，以主食为主了。"同时那位妈妈还说："很多妈妈一味地认为国外的奶粉好，其实很多进口奶粉是根据其他国家的宝宝体质研发的，不一定适合中国的宝宝，只有适合宝宝的才是最好的。"

　　营养专家研究发现，并不是越贵的食物提供的营养物质越多。一个鸡蛋提供的能量要比一只鲍鱼高，它们的蛋白质的含量差不多，鸡蛋的脂肪、胆固醇的含量要比鲍鱼高，鲍鱼的碳水化合物的含量是鸡蛋的两倍多，鲍鱼的钙、铁、硒的含量要比鸡蛋的多好多，但鸡蛋中的维生素 A、B_1、B_2 的含量都比鲍鱼多，尼克酸含量两者差不多，维生素 C 却没有。

所以，我们在给孩子选择食物时，不能因为米饭、馒头只提供碳水化合物就忽略它们，也不能因为五谷杂粮便宜、多见就少给孩子吃。我们不要只看到它们的表面作用，当它们共同作用在宝宝身上时，会比鲍鱼、鱼翅的营养更高。也就是说，不要把营养太绝对化，要给宝宝提供均衡的食物。

那么，我们怎样才能让孩子吃得健康又营养呢？

多在家里做饭

不论多忙，我们要尽量在家里给孩子做饭，不要被那些所谓的营养丰富的中式快餐，或者是西式快餐所迷惑。自己做饭可以避免三餐食用相同或相似的食材。再说在家吃自己做的饭，自己清楚食材，更安全也更放心。

多吃几种主食

孩子吃一碗饭，不要只有一种食材。我们可以在米饭中加入红薯和玉米，这样孩子就能同时吃到三种食材。米饭中还可以加入杂粮或者豆类，量无须多，却增加了孩子主食的种类，营养丰富。

荤素 1 ∶ 2 搭配

营养专家建议，一般情况下，一餐的荤素比例是 1 ∶ 2，荤菜不在多而在精，蔬菜可根据绿色、橙色、浅色等不同颜色进行搭配。

别小看了配菜

炒豆芽时加点葱，煲汤时加点香菜，做凉拌菜时放点蒜，我们千万别小瞧了这些配菜。如果在正餐时想吃简单的面食，我们可以在煮面时放几片肉、一个蛋，再加一点蔬菜、海产品、豆类等。

零食也准备好

为孩子选择合适的零食同样能丰富孩子吃的食物的营养。比如坚果类的如核桃、杏仁、腰果等；饮品类的如酸奶、牛奶等，水果类的如苹果、香蕉、橘子等；都是又营养又健康的食物。

孩子的身体正处于一个持续生长发育的过程中，身体中的细胞、组织、器官都在快速地更新、成长和成熟。因此，孩子需要摄取适宜的、各种各样的营养物质来满足身体生长的需要，孩子吃东西这一行为不仅是其身体发育所必需的，同时也是各种生理机能（包括心理机能）发育的原动力。因此，为孩子提供合理的食物就显得尤为重要。

2. 不想孩子挑食，你首先要表现出对每一样食物的热爱

很多孩子在吃饭的时候，只吃两口就不吃了。还有些孩子只吃某几种食物，所以饭桌上不得不每天重复那几种东西，甚至父母还必须使出浑身解数，追着哄着威胁着让孩子吃饭。

目前很多儿童都存在挑食的问题，小儿挑食是非常不好的习惯，对他的生长发育极其不利。人体健康成长需要六种营养素：蛋白质、脂肪、碳水化合物、维生素、矿物质和水。这些营养素存在于某一类或几类食物中，只有保持均衡的膳食，才能保证营养摄入的全面与平衡。挑食容易导致某些营养素摄入不足，从而导致营养不良、体质虚弱、抵抗力差，容易患病。

所以，要改善孩子的均衡饮食，应先了解孩子为什么挑食。一般情况下，孩子的挑食大体上有两种原因：首先是孩子自身的原因。由于个人口味的问题，部分孩子不喜欢吃肉；部分孩子不喜欢吃蔬菜或水果；还有一部分孩子因为不小心吃了变质或口感不好的食物而挑食。

还有一种情况就是爸爸妈妈对孩子的影响。爸爸妈妈平时炒菜的样式、

食材单一，孩子总是看到那些频频出现的菜品、菜色，对这种食物产生厌恶之情，也可能造成讨厌新口味的食物；同时还有一部分爸爸妈妈自己也没有均衡饮食的习惯，爸爸妈妈的挑食习惯潜移默化中影响了孩子，造成孩子也挑食。爸爸妈妈溺爱孩子，孩子需要什么就满足他，孩子说要吃什么就满足他，因此让孩子养成了挑食的习惯和固执的脾气。

营养专家麦克唐纳指出，在纠正孩子的坏习惯之前，家长要首先纠正自己的饮食习惯，以身作则，其中，爸爸的作用尤为重要。儿科营养师布莱尔认为，如果爸爸是个挑食的人，那么孩子多数也会挑食，因为"孩子们通常爱学习爸爸的行为举止"。

因此，爸爸妈妈要为孩子做好表率作用，并对孩子多加鼓励，在表现出对食物极大的兴致的同时，利用孩子的模仿力，对孩子说"这是爸爸妈妈最爱吃的，宝宝也爱吃"等话激励孩子。这时孩子会以极大的热情进行反馈。

曼曼是一个可爱乖巧的孩子，但就是有一件事妈妈怎么说她都不听，平时吃饭时只吃肉不吃菜。曼曼的妈妈想了很多办法也改不了曼曼这个不吃蔬菜的毛病。后来曼曼的妈妈的一位朋友来家做客，曼曼的妈妈给朋友做了一个香辣小龙虾，并且做完后大叫道："小龙虾真是太美味了。"然后又做了一个蒜蓉生菜，不动声色地放在了桌子上。

这时，朋友问曼曼的妈妈："你知道曼曼为什么喜欢吃肉不喜欢吃蔬菜了吗？"在曼曼的妈妈心中还充满疑问时，朋友说道："曼曼和你一样啊！"曼曼的妈妈这才恍然大悟。后来，在饭桌上，曼曼的妈妈经常会说："哇，今天这个小白菜好可爱哦""还有这个娃娃菜，我最喜欢啦！"曼曼看妈妈吃得津津有味，就和妈妈抢着吃。

营养专家也指出，对于挑食的孩子，家长也不要过分担忧，因为孩子是不会让自己饿肚子的。我们与其关注孩子不吃哪些东西，不如将注意力转移到他喜欢吃哪些东西上。因此，我们可以在提供新食物的同时，也提供一些他"挚爱"的食物。这样，多次常试后，孩子就可能会选择接受这种食物了。

同时，营养专家还建议，为了不让孩子对食物产生厌倦感，父母同一天中不要做同样的食物给孩子吃。而且，同一种食物也不要采用一成不变的方法做，偶尔变换一些做法，感觉就完全不一样，比如孩子喜欢吃面食，我们就可以给他做炸酱面、打卤面、拌面、焖面等。

另外，我们要给孩子自主权，不强迫他吃东西。有时候我们辛辛苦苦做出来的美味佳肴，端到孩子面前时，他却置之不理。很多妈妈不想让自己的辛苦浪费，就会强迫着孩子吃，如果家里有老人在身边的更为显著，基本上都是孩子在前面跑，大人在后面追。

对于这种情况，聪明的妈妈的做法就是放任自流。我们辛苦做出来的食物，孩子大口大口地吃，我们自然会非常开心；孩子不吃，虽然有点难过，但是不要强迫孩子吃。这样一方面是给孩子自己选择的权力，另一方面也许是因为我们做出来的东西根本不合孩子的胃口或者是当时肚子不饿不想吃，如果孩子不饿，可以等孩子饿了的时候再吃。如果强迫孩子吃，只会给他的心理增加负担，从而更加抗拒那种食物。

我们大多数的父母都会为孩子的饮食问题而烦恼。下面有几个好方法，帮助孩子改变挑食的坏毛病。

制作精美食物

有时候孩子爱吃一种食物，并不是因为喜欢这种食物本身，而是受它们的外貌吸引。例如孩子喜欢喝酸奶，不是因为他知道酸奶有多少营养价值，或酸奶多好喝，吸引他的有可能是酸奶的卡通包装。同理，孩子如果不爱吃蔬菜水果，我们何不换一种思维，将蔬菜水果摆成好看的图案，或者孩子最近喜欢的动画形象。只要我们将食物弄得好看、有趣又好吃，自然就会吸引孩子。

养成饭前不吃零食的习惯

饭前吃零食，到了吃饭时间，孩子的小肚子被零食撑饱了，自然就吃不下饭了。所以我们一定要让孩子养成饭前不吃零食的习惯。当然，如果孩子实在饿了，不妨给孩子吃一些水果、全麦饼干等比较健康的食物。

与孩子一起制作精美餐点

我们会发现，在家里挑食的孩子，却对幼儿园举办的亲子游戏中家长和孩子一起动手制作的美食情有独钟。其实，并不是家长和孩子一起动手制作的美食有多美味，而那是孩子自己动手制作的，他会很有成就感，自然就吃得香了。并且，与孩子一起制作美食，还可以提高孩子的动手、动脑能力。

通过卡通故事入手

很多孩子都有睡前听父母讲故事的习惯。我们可以从讲故事的方式入手，把孩子挑食的习惯带入故事中，通过故事和第三方的形象，告诉孩子挑食对身体的影响。

我们一定要给孩子合理地搭配饭菜，不要以自己的胃口来衡量孩子的饮食，在孩子面前做一个什么都爱吃的好父母。相信在我们的共同努力下，孩子的饮食习惯会越来越好，挑食的现象也会慢慢地消失，孩子会健康、茁壮地成长！

3. 自己动手，在孩子的记忆里储存下"妈妈的味道"

前一段时间，一位美国妈妈火遍了各个育儿平台。原因是这位妈妈竟然做出了全世界 195 个国家的美食给自己的孩子吃。这位美国妈妈很想让自己5 岁的女儿从小就多出去走走，去看外面的世界。可是她没有钱，都说女儿要富养，可是偏偏自己只是平民家庭，不可能让孩子过上公主般的生活。但是女儿就真的不能看到外面精彩的世界了吗?

最终,这位美国妈妈想出了一个办法。虽然她不能带孩子环游世界,可是她依然可以让孩子对世界充满更加美好的向往。她擅长烹饪,于是想把整个世界的美食带给孩子,给她一场舌尖上的环球之旅。她开始自己研究各种美食食谱,找到那些国家好吃又营养的特色美食做给孩子吃。

在孩子7个月的时候,她开始了第一次尝试,做了来自阿富汗的鸡肉胡萝卜焖饭。接下来,她又给女儿做了俄罗斯的鱼子酱、东帝汶的肉丸汤、柬埔寨的椰奶烤玉米、爱沙尼亚的蛋糕、日本的寿司、越南的春卷、尼日尔的鸡蛋卷……每道菜都是这位妈妈的精心之作。它不仅是一道菜,更是一种同女儿旅行的心情,一种望女成凤的期望,愿孩子长大成为有见识、有思想的人。

如今,在快节奏的生活中,工作、社交、娱乐……日程表总是排得很满,在家做饭看起来简直是一个奢侈的梦想。大多数父母通常会带孩子到外面用餐,叫外卖,吃速冻食品,泡方便面。对很多中年人来说,最怀念最难忘的味道是小时候父母做的美食,那些并不是多么美味的饭菜,却是家庭温暖的象征。

在"豆瓣"上,一位妈妈说,在外面成天吃吃喝喝,上了年纪才发现"妈妈"的味道最好。她说自己的妈妈会做很多菜,如水煮肉片、夫妻肺片、辣子鸡丁、麻婆豆腐等,而让她记忆最深刻的就是妈妈做的烧白。

她的哥哥曾经自己开过饭店。后来由于种种原因,饭店关门了。但是在饭店营业期间,客人来点菜的时候,一定会点妈妈做的烧白。妈妈做的烧白肥而不腻,入口即化,关键是打底的芽菜软硬刚好,一点点脆,还带点回甜。她自己向妈妈学了几次也没有学会。几年前她的妈妈去世了,再也吃不到妈妈那个味道了。现在她也是两个孩子的妈妈了,她决定学一两样拿手菜,也让孩子以后能记住妈妈的味道。

每当推开记忆之门,回首过往岁月,一定有那样一些食物,它们出自妈妈之手,伴随我们走过遥远的童年、青葱的少年。它们可能是一碗面,一道菜，一罐靓汤，一种小吃，一块点心……如果我们也想让自己的孩子记住妈妈的味道，就要变着花样给孩子做美食，吸引孩子的味蕾。

当然，首先是我们得会做饭，精通厨艺，并不要求达到大师级别，但至少我们做的饭能让人有食欲。况且，孩子爱吃我们做的饭，就可能改掉他挑食、厌食的坏毛病。所以让孩子喜欢上我们做的饭是我们的重大任务！

如何让孩子喜欢上我们做的饭呢？下面有几个小秘诀。

多样

食物的种类多种多样，没有一种食物可以满足人体所需的全部营养素，我们要学会将多种食物合理搭配，让营养更均衡，让我们吃得更放心，并且丰富我们的餐桌，例如八宝粥、小米木耳粥、饺子、三色沙拉（沙拉可以用酸奶代替）等。

好色

食物可以"好色"一些。每种颜色的食物都含有不同的营养素，红色的食物可以减轻疲劳，令人精神抖擞，增加自信心。绿色食物尤其是绿叶蔬菜含有丰富的叶酸和钙等。紫色食物中含有花青素，可以起到抗氧化的作用等。孩子对色彩是比较敏感的，徇丽多彩的食物能勾起他吃饭的欲望。例如清炒鸡蛋菠菜木耳菜、凉拌莴笋黄瓜木耳芝麻菜等。

可爱

看孩子喜欢什么样的卡通形象，将食物做成卡通形象可爱的样子，像叮当猫、米菲兔等，这些图案的食物会让孩子感到新奇，自然食欲大增。如果我们想不到什么好的创意，不妨上网去搜集素材，网上可是有一大把现成图案和做美食的攻略呢！

零食

零食是合理膳食的一部分，我们不要仅仅从口味和喜好上来为孩子选择零食，更重要的是要少给孩子吃油炸、盐多、糖多、口味比较重的零食，多给孩子选择新鲜、易消化的零食，比如奶类、水果和坚果类的健康零食。我们还要注意孩子吃零食的时间应选择在两餐之间，不要离正餐时间太近，以免影响正餐，同时也要注意不要过量。

就餐环境

我们要给孩子营造出轻松和谐的就餐气氛，如吃饭时可以放一些轻松的音乐。一定不要在吃饭过程中批评或教育孩子，这样会影响孩子的心情和消化功能，导致孩子食欲下降。

我们每天做饭的时候可以尝试多种菜式，不要一成不变地炒菜、煮白米饭。像山药草莓泥、香蕉卷、动物形状的馒头或糕点，或者是其他可爱菜品，孩子都非常喜欢。而对着一盘蔬菜、一盘鱼、一碗白米饭，天天吃难免会厌烦。只要我们不是一直重复着做，适当让孩子尝试新品，孩子的吃饭问题就不再是难事。

4. 孩子的早餐是否丰盛，还取决于你的爱

对于早餐这件事，我们的态度常常是随便对付一下。在孩子赶着去上学，我们赶着去上班，手忙脚乱的早上，能想到的最好的早餐大概就是超市买回来的现成的面包和牛奶了。但这种马虎、品种单一的早餐，实在不招孩子喜欢。而一旦孩子早餐吃不好，吃得不够愉快，会发生什么呢？

鹏鹏的妈妈是某世界500强企业在中国华东地区的销售经理。曾经因为工

作很忙，她成为一名疏于陪伴孩子的"失陪族"，更别提给孩子每天做早餐了。现在她的工作依然很忙，却已经坚持给孩子做了220天不重样的早餐。

在上小学前，鹏鹏的早餐都在幼儿园吃。上小学后，鹏鹏的妈妈发现，鹏鹏早餐不好好吃，如多米诺骨牌一般，这不仅毁了三餐，他还养成了非常不好的饮食习惯。由于鹏鹏早餐不好好吃，午餐挑食，导致在吃晚餐时两碗两碗地吃，一下子就胖起来了，还有了小肚子。于是鹏鹏的妈妈立即决定开始亲自料理孩子的早餐。

鹏鹏的妈妈提倡的是快手营养早餐，前一天晚上把需要的食材准备好，第二天早晨花15~20分钟就搞定早餐。她现在每天6：30起床准备早餐，6：45叫孩子起床，7：10早餐上桌，原来那种"快点，来不及了"的场面不复存在，反倒多了一份有条不紊的淡定从容。

通过亲手料理早餐，鹏鹏的妈妈还"治"好了孩子挑食的毛病。她认为小孩子的饮食结构是可以塑造的。通过早餐，她想方设法变着花样勾起孩子的食欲，比如把牛肉丁、松仁丁等各种孩子爱吃的食材用白菜包成一个小口袋隔水蒸煮，孩子为了吃到自己喜欢的食材，就会尝试不爱吃的白菜。久而久之，孩子愿意尝试的食材越来越多，渐渐就不挑食了。

吃着妈妈每天亲手料理的早餐，鹏鹏逐渐成长为一个懂事、贴心的暖男，在旅行时，会主动帮妈妈拿行李，牵妈妈的手说："妈妈，你是女生，我来照顾你。"

早餐，不仅提供了营养，还会影响孩子一天的心情。当孩子面对桌子上的一碗粥和一个鸡蛋吃得不情不愿，而你则一边看表，一边催促他快吃，或者嫌弃他磨磨蹭蹭时，这一天的开始就不那么愉快，如果到了学校，孩子再遇到点小挫折，一整天的心情可能都不太好。

古人说"一日之计在于晨"，这个"晨"的美好，对孩子来说，就是从一份美好的早餐开始的，因为他从中感受到了满满的母爱。很多上班族妈妈对于给孩子做早餐这件事最大的顾虑不只是早起难，还有不知道该给孩子吃什么。其实，只要你愿意尝试去做，在这个网络资讯发达的时代，总是有方法学到做什么。

杭州的一位林女士每天会花30分钟给孩子做花式早餐，整整坚持了5年。5年前，林女士的女儿开始上小学。林女士想送给女儿一份特别的礼物，让她高高兴兴地去上学，于是她决定每天早起30分钟，跟着网上的菜谱开始美食修炼的"长征"。

一开始女儿的口味并不是很好，林女士就在造型和搭配上下工夫。她买了各种辅助工具，把水果雕成花，将面包剪成动物，在馒头上点果酱……这些色彩鲜艳的食物瞬间击中了女儿的胃口。馒头做成的玫瑰花，林女士的女儿会边吃边念叨，要先吃叶子，再吃花朵，最后吃得干干净净。

渐渐地，把食物变成另外的模样，成了林女士每天的小挑战。她开始设计早餐，观察各种动物和花草树木。有一次，看了龙猫，第二天就用紫薯、鸡蛋、三明治做了一个龙猫造型的早餐。随着做的早餐花样越来越多，遇到女儿特别喜欢的创意早餐时，林女士就把它拍下来，然后发到社交平台上，这些卡通早餐受到了不少妈妈的喜欢。

林女士说："每天给女儿做早餐，不知不觉已经5年。我一度曾想过放弃，毕竟有时候觉得蛮累的。不过，一看到已经完成的那么多顿爱心早餐的照片，再想到女儿满足的笑容，就又有了坚持的动力。"

如果你觉得自己实在抽不出30分钟的时间来准备早餐，那么3分钟、5分钟的时间总该有。其实做一顿早餐是非常简单的，下面教你几道5分钟就可以搞定的美味早餐。

厚蛋烧

首先将两个鸡蛋、黄瓜碎、火腿碎、花椒粉、盐、香油搅拌在一起，然后在平底锅里用小火摊成一个饼片，不翻面，待蛋液快要全部凝固的时候把蛋饼卷起来，装盘切段，淋上番茄沙司就完成了。

黄金馒头片

先将馒头切成大约 1 厘米厚的大片。再将鸡蛋加少许盐打散、打匀。将馒头片逐片蘸上鸡蛋液，边蘸鸡蛋液边下锅煎。待一面煎至金黄色后翻面，再将另一面煎至金黄色即可。最后撒上适量的五香粉、辣椒粉、椒盐等调味品。

奶香燕麦水果粥

备好牛奶和燕麦，先把牛奶倒入奶锅中，中小火加热至微微沸腾。再加入即食燕麦煮熟，然后放入装有冷水的大盆里放凉，倒入密封容器里入冰箱冷藏。再将水果切成小丁。把冷藏好的牛奶燕麦盛入碗中，加入各种水果丁即可。

另外，在给孩子做早餐时，我们要注意荤素搭配，尽量避开油炸、油煎、油炒及口味重的食物，如薯饼、葱油饼、炒面等。还有，早上不一定要让孩子吃水果，尤其食量小的孩子，吃了水果可能吃不下其他食物。当然，专家更不建议给孩子喝果汁，因为果汁的纤维少，维生素也会被破坏，营养价值远不及新鲜水果。

有爱心的妈妈一定是非常用心的妈妈，不管工作多么忙碌，都会给孩子准备一顿美味又营养的早餐，让孩子精力充沛一上午。

5. 这样做，孩子怎么会不喜欢吃蔬菜

有很多孩子都不喜欢吃蔬菜，甚至严重到如果你在饭里放上蔬菜，就不吃饭。面对孩子不喜欢吃蔬菜的问题，我们来看看美国的妈妈是怎么做的。

来自路易斯安那州的珍妮弗说："网上有一个很好玩的视频，说一个人吃午餐，他吃了鸡肉、奶酪和果汁，但不吃四季豆和胡萝卜。于是，四季豆

和胡萝卜开始哭，因为它们想去他肚子里面参加聚会。"珍妮弗和女儿看了好几次那个视频，一次，女儿碰到了不爱的菜，珍妮弗对她说："哦，天啊！你的胡萝卜多么伤心啊！它们希望去参加你肚子里面的聚会！"然后女儿马上吞掉了它们。

加利福尼亚州的安娜让孩子假装自己是动物，然后告诉孩子，不同的动物喜欢吃什么食物。她说："我已经成功了很多次，例如，我2岁的孩子现在很爱吃菠菜，因为我们把它称为'兔子的食物'。"

密歇根州的凯蒂回忆道："小时候，我妈妈会把西兰花、洋葱、西红柿和牛肉放到一起炒，然后说这是食物的空手道比赛，因为那天晚上，我的哥哥报名参加了空手道兴趣班——这个办法很有魅力。"

孩子为什么那么不喜欢吃蔬菜呢？上海一家儿童医院的医生解释道，孩子在1~3岁间，开始会对食物产生个人偏好，所以食物的外形或气味往往会影响其食欲，比如味道比较重的菠菜、苦瓜；外形上不讨人喜欢的绿色蔬菜；或闻起来食物气味较强烈的九层塔、芹菜、青椒等，都是孩子不太喜欢的蔬菜。

另外，我们还要考虑孩子是否因为咀嚼能力不佳，或不喜欢咀嚼，而不喜欢吃需要咀嚼的蔬菜。再者，也有可能是家长的原因。因为孩子的口味是家长培养出来的，若在添加辅食阶段，家长没有多让孩子尝试蔬菜而只偏重肉食，1岁之后，再让孩子多吃点蔬菜就有困难了。

不爱吃蔬菜的孩子身体会产生很多问题，例如经常发生便秘，维生素C摄入不足，维生素A摄入不足，热量摄取过多等。蔬菜中含有多种维生素、矿物质与膳食纤维，对孩子的成长有正面帮助，因此绝对不能少吃！而看似不起眼的蔬菜，内含膳食纤维，除了可以增加肠道蠕动、减少便秘之外，还可以降低胆固醇的再吸收，减少日后高血压和心脏疾病的发生，对身体帮助良多。

雨泽从小就不爱吃蔬菜，5岁的他身高就像3岁的孩子，这可把外婆给急坏了。不管外婆说蔬菜是如何如何好，雨泽就是不吃。雨泽的妈妈也是看在眼里急在心里。有一天，幼儿园老师给雨泽的妈妈出了一个妙招。那天晚上，雨泽的妈妈把雨泽在幼儿园玩得好的小伙伴和他们的妈妈请到家中做客。

吃饭的时候，雨泽端着碗只吃了几口米饭，一点菜都没吃。这时雨泽的妈妈对旁边的新新的妈妈说："我们家雨泽特别棒，一点都不挑食，还特别喜欢吃蔬菜。"新新的妈妈听后，连忙称赞雨泽是个好孩子，认真吃饭，身体一定非常棒。雨泽听后，大口地吃起了蔬菜。

这时，新新看妈妈称赞雨泽，说"我也能吃蔬菜"，于是雨泽的妈妈连忙夸赞起新新。雨泽看见新新能吃那么多蔬菜，自己也吃了很多。

有的妈妈可能会问，蔬菜那么多，应该如何选择呢？营养专家给出了以下建议：

（1）深绿色、深黄色叶菜类：含有丰富的类胡萝卜素、维生素 B 族及铁。

（2）十字花科蔬菜类：如西兰花、白菜、菜心、芥蓝、花椰菜等含有大量钙，该营养素与骨骼生长发育有关。

（3）番茄及甜椒类：这两种食物是维生素 C 的良好来源，若缺乏会影响牙龈健康、铁及钙的吸收，以及伤口愈合的速度。

另外，很多家长在让孩子吃蔬菜时，都会强调蔬菜的好处，这种做法是非常不利的。在食物方面，孩子最关心的是味道，饥饿和营养对他来说都无关紧要。2014 年 7 月的一项研究发现，让孩子吃蔬菜的最简单方法就是别说"对你有好处""很营养"等。

那么，我们应该怎么做才能让孩子喜欢吃蔬菜呢？

将蔬菜做成健康沙拉

我们可以改变一下烹饪方式，不要再做单调的炒蔬菜，可以尝试着在蔬菜中拌入生姜、酱油、米醋、料酒和芝麻油，制成蔬菜沙拉，孩子也许会喜欢口味不同变换的食物。

把蔬菜做出各种花样

我们可以将蔬菜剁碎后与肉和在一起做馅，包成饺子、包子或馅饼，把孩子不爱吃的蔬菜化为"无形"，轻松入肚；还可以把蔬菜捣成泥状和入面粉中，制成各式糕点，或加入味道香甜的苹果、柠檬或酸奶，放入搅拌机里做成果蔬汁。

使蔬菜变得五颜六色

一提起蔬菜，我们的脑海中首先出现的是一片绿色。但其实蔬菜也是有各种颜色的，红、黄、紫……每种颜色的蔬菜都含有不同的维生素和矿物质。在烹饪中我们可以把胡萝卜、瘦肉片和青椒等搭配在一起翻炒，盘子里五颜六色的东西会引发孩子的食欲。

编写故事度身定做

孩子一般都爱听故事，我们可以为不爱吃蔬菜的孩子编一些故事，最好将孩子也编进去，比如大力水手吃菠菜、爱吃胡萝卜和蔬菜的小白兔、吃豆豆长肉等，随时编讲，对大多数孩子都有效。同时，对孩子在吃蔬菜方面的点滴进步都要及时鼓励，增强他的自信心。

带孩子去买菜

在去超市或菜市场买菜的时候，最好带上孩子，让他挑选自己喜欢的蔬菜。烹饪的时候还可以让他帮忙，比如择菜、清洗等，让孩子有参与感。尤其是吃自己挑选的蔬菜时，孩子会很兴奋，容易产生自豪感，吃起菜来也就感到格外香。

如果我们提供的蔬菜孩子不喜欢，也不要就此放弃。孩子在长大，他的口味也会随之改变，有可能在他尝试了十几次之后就爱上了蔬菜。

6. 用健康的零食代替那些危害无穷的零食

辣条、薯条、汉堡、可乐、炸鸡等食品，香气足、口感佳，精美的包装和鲜艳的色彩吸引着孩子的眼球，因此，孩子无法抗拒它们的诱惑，忍不住一口接着一口吃。然而，这些食品的营养价值极低，吃多了很容易给孩子的健康造成危害。

6岁的甜夏是个大眼睛的女孩，然而和同龄的孩子相比，她却纤瘦很多。最让甜夏的妈妈焦虑的是，甜夏由于严重缺钙，经常脱臼，而且她的智力似乎也要比同龄的孩子低。甜夏的妈妈说，甜夏3岁的表妹都能背唐诗，而已经上了两年幼儿园的甜夏却不会数数，也不会写字，甚至连一首儿歌都唱不全。

而这一切都是"垃圾"零食惹的祸！因为甜夏从1岁开始，就跟着东北老家的爷爷奶奶生活，爷爷奶奶家里是开小卖铺的，因此甜夏从小几乎是各种零食敞开吃。如今，甜夏的妈妈辞职后把她带到了身边，但吃饭时甜夏还是嚷着要吃那些"垃圾"零食。为此，甜夏的妈妈只得向营养专家求助，希望可以弥补由于饮食不当给女儿带来的身体和智力的损伤。

世界卫生组织公布的十大"垃圾"食品包括：油炸类食品、腌制类食品、加工类肉食品（香肠、火腿等）、饼干类食品、汽水可乐类饮料、方便类食品（方便面）、罐头类食品、话梅蜜饯果脯类食品、冷冻甜品类食品、烧烤类食品等。之所以这些食品上了"垃圾"食品的"黑名单"，主要因为这些基本都是营养质量差、容易让人发胖和诱发慢性病的食物。

然而，让孩子远离"垃圾"食品也不是一件容易的事。营养专家说："'垃圾'食品的口感很符合孩子的口味，完全禁止孩子吃零食可以说是不现实的。"他建议家长制订一个奖励法则，这样孩子就不能经常吃或是敞开着吃零食，达到了预期的标准，就可以让孩子适当地吃一些。孩子有了吃零食的渠道，就不会哭闹抢着要。当然我们也不要担心"垃圾"食品会带来过多的伤害，因为毕竟总量有限，只要牢牢把住了摄入量这一关，就不会造成太大影响。

我们还可以变着法地做好说服工作，潜移默化地影响孩子对食物的选择。我们平时不妨多和孩子聊天沟通，告诉他吃什么可以变得美美的、帅帅的，吃了哪些东西会变得又丑又笨，没有人喜欢。我们不断地给孩子灌输这样的观念，孩子也会在心里有数，以后在看到那些"垃圾"食品的时候，就会犹豫起来。对于年龄小的孩子，我们还可以适时地转移他的注意力。

廷廷的爸爸在周末的时候带廷廷在公园里玩遥控飞机。廷廷看着别的小朋友在吃奶糖，眼睛就盯着那白底蓝花的图案十分专注，嘴也吧嗒吧嗒起来。廷廷的爸爸装作对这些糖纸感兴趣，同廷廷一起欣赏了一会儿，然后开始巧妙地将廷廷的注意力转移到别的游戏上。

他对廷廷说："这个小飞机很好玩，可惜宝宝不能坐上去开，你的小自行车呢？"廷廷转过头来去找自己的小自行车。这时廷廷的爸爸又说："这个地方太小，车子跑不快，我们到花园那边去，爸爸和宝宝比谁速度更快。"廷廷的爸爸轻松地转移了廷廷的注意力。

营养专家还建议我们平时要多带孩子去菜市场，少去超市。菜市场多为新鲜、未加工的天然食品，像新鲜的水果、玉米、红薯、番茄等都是孩子最好的零食。超市中则大多是重度加工的食品，比如饼干、薯片、曲奇饼等。为了吸引购买，商家还把零食包装成"喜羊羊""小黄人"等诱惑力很强的卡通形象，孩子一看见就闹着非买不可，让孩子吃得健康就很难。

因此，要让孩子吃得营养健康，我们就要用健康的零食来替代那些危害无穷的零食。那么健康的零食有哪些呢？

奶制品

新鲜牛奶、配方奶、酸奶、奶酪等，孩子可以把它当零食吃。

坚果和红枣

坚果很有营养，但不能多吃，每天一小勺（10克左右）就够了。我们可以每天变一变坚果的种类，让孩子有新鲜感。红枣的维生素C含量很高，且绵软香甜，也可以当作零食。

新鲜水果蔬菜

苹果、香蕉、猕猴桃、火龙果等都是好的零食。黄瓜、西红柿等蔬菜也很不错。

水果干

烤的苹果干、香蕉干的甜味会更浓郁，孩子更爱吃。有的父母可能会问，烤制的水果干不会破坏水果的营养吗？其实，烤制的水果干主要破坏的是维生素C，但是水果中所含的矿物质如钾、镁、铁之类矿物质则不会受到破坏。

并且，烤水果干的方法也特别简单，首先把水果切成3毫米的水果片，在烤之前用盐水浸泡一下，目的是防氧化，然后在160摄氏度的温度下烤30分钟就可以了，其间记得翻面。

另外，我们不妨开动脑筋，多花点心思在孩子的日常饮食里，争取做出可以秒杀那些包装袋里的食物。休息日的时候，我们还可以和孩子一起亲手做一盘水果蔬菜沙拉。各种颜色的水果和蔬菜拌在一起，浇上乳黄色的蛋黄酱，赤橙黄绿，既冲击视觉，又刺激味蕾。同时我们最好尝试着让孩子将沙拉摆出各种形状，盛在漂亮的碗里，孩子肯定会觉得这样的食物更有吸引力，从而果断地抛弃那些"垃圾"食品。

7. 比请孩子去昂贵餐厅更有意义的是让孩子走进厨房学做美食

一位生活在美国的华裔女作家，从她的女儿妮可2岁开始就让她参与做饭。一开始是让女儿洗碗，接着是打蛋、炒蛋。妮可的妈妈教妮可把鸡蛋在碗沿上敲破，两手把蛋壳掰开。妮可开始会把蛋黄蛋清流得到处都是，妈妈就跟着收拾。妮可非常喜欢拿筷子把鸡蛋搅碎，但是她不敢把蛋液往锅里倒，于是妈妈倒好后就让妮可用铲子炒。

妮可的妈妈还带她做了很多面食。所以，6岁时，妮可已经能熟练地做葱油饼，包馄饨、饺子、擀面条，做寿司。由于纽约包容世界各地的多元文化，妮可还学会了做越南夏卷、法国薄饼、日本寿司。妮可还经常把自己做的烤饼干、蛋糕送给左邻右舍，邻居们高兴地给她写感谢卡，夸奖她的"作品"。上小学后，妮可会和妈妈烤了饼干去卖，为社区组织捐钱。

做饭是一件趣味十足、充满学习和发现的活动。让孩子参与到做饭中来，不仅锻炼了孩子的动手能力，还帮助他懂得劳动的艰辛，同时珍惜感恩饭桌上的一菜一饭。但是许多家长一听让孩子学做饭，头摇得像拨浪鼓，嘴里还念叨着"几岁大的娃能自己吃饭就不错了，还让他做饭"。

据美国科学家研究表明，孩子会更愿意尝试自己有参与制作的美食。营养学讲师克莱尔是6岁女孩艾米莉的妈妈。艾米莉从3岁起就在厨房里帮妈妈一起做美食和点心，她更愿意品尝自己帮忙制作出的饭菜，艾米莉最喜欢比萨饼和锅贴，就是因为她可以自己决定其中的食材组合。如果我们还在为孩子吃饭挑食发愁，那就让孩子参与到做饭的过程中来，这样孩子会更加容易甚至欣然地接受新的食物。

厨房也是孩子身边最好的自然教室，比如晚餐需要用四季豆，孩子可以帮忙准备四季豆，比如清洗、抽丝和掰断四季豆，并和妈妈一起观察四季豆在蒸煮过程中颜色的变化，这样他能从触觉、听觉和视觉各个方面去了解四季豆，这个小小的体会通常会植根于孩子脑海深处，这是对食材的真正认知。

另外，孩子学会做饭也是学会一种生存和生活的能力，虽然外食越来越多，但是我们还是需要教会孩子做饭，当他离开家的时候，我们才会有十足的他有能力照顾自己的生活的信心，他可以兼顾健康和美味，不会依赖于冰冻食品和餐馆外食。

电影《小花的味噌汤》讲述的就是癌症妈妈千惠和女儿小花关于好好吃饭、好好做饭的故事。千惠预感到自己将要离开人世，而她能为女儿做的最重要的事就是教会她做饭。于是在小花4岁生日那天，千惠送给她一条漂亮的小围裙作为生日礼物，并开始教小花做饭。

在妈妈的指导下，小花自己动手做了味噌酱，切了豆腐和葱花，第一次尝试做味噌汤。爸爸看到小花拿着刀在掌心切豆腐时，紧张死了。但是他还是给了小花自己完成的空间。当小花给爸爸端来自己做的味噌汤时，爸爸直呼"太好喝了"，妈妈也说"你做得非常棒"。在爸爸妈妈的鼓励下，小花兴奋地告诉妈妈，下次还想做日式点心、饼干和蛋糕。

后来千惠把自己整理的食谱本交给小花，让小花以后做饭的时候可以看。因为有了妈妈的食谱，小花变成了学校的美食达人。在妈妈去世后，小花把自己和爸爸照顾得很好，成为一个坚强乐观、懂得微笑的女孩。

厨房不是恐怖屋，应该是孩子可以动手制作美食的亲子游乐场，厨房里有很多可以让孩子探索发现和学习的东西，而培养这种独立思考、独立动手的能力，是很重要的。然而很多家长一看到孩子靠近厨房就紧张，担心刀具和明火会带来伤害。其实我们低估了孩子对危险的认知能力，除了1岁以内的孩子没有多少关于烫的概念外，1岁以上的孩子对自身安全非常注意，再加上父母在旁监督、提示，安全尺度是绝对可以把握的。

日本《厨房育儿》一书的作者坂本广子在神户市一家幼稚园开办了"烹饪实习"课。在烹饪前，坂本先就各种食材的功能、调味品及烹调用具的使用方法向小朋友做了一番说明，重点强调了菜刀和火的危险性。不过，在整个烹饪过程中，坂本主张"只要在安全的范围内，从头到尾完全要由孩子自己操作"。

早教专家认为，从3岁开始，孩子的身体活动能力已经较强，不断尝试独立完成新的事情，3岁也是建立孩子"自我意识"的关键时期，让孩子走进厨房，对他具有非常重要的意义。

利于五觉的开发

在学习烹饪的过程中，孩子可以了解各种食物的属性，尝到酸甜苦辣，见到赤橙黄绿等颜色，有利于孩子视觉、嗅觉、味觉、听觉和感觉的开发。

让他更自信

孩子在学做饭的过程中，肯定会经历敲敲、打打、揉揉、拉拉等动作，这也相当于他在经历开心、痛苦、得意、辛酸等各种不同的情绪，这种经历能够使他对自己所拥有的能力更加自信。

学会保护自己

孩子在厨房里难免会遭遇磕磕碰碰，明白火或刀的控制和使用方法，积累了一些经验，也让孩子学会了保护自己，远离危险。

培养亲子关系

其实让孩子进厨房做饭，并不意味着让他吃苦。相反，和父母共做家务可以增加亲情的快乐时光。

厨房是在家发现乐趣和学习的好地方，让孩子对厨房里发生的一切感兴趣，并且给孩子足够的机会让他参与做饭，相信孩子一定会喜欢的。

8. 吃饭时的心情比吃什么更重要

教育孩子，场合与时机很重要，利用恰当，能收获意想不到的结果；而利用不合理，不但起不到教育作用，反而会激化亲子矛盾，甚至影响孩子的身心健康。饭桌就餐，就是一个非常典型的例子。当孩子准备吃饭的时候，身心往往比较放松，对桌上的美食充满了期待，这时，如果妈妈能营造一种轻松、愉悦的进餐氛围，就等于搭起了一座跟孩子沟通的桥梁。

但是，不少妈妈总喜欢在饭桌上询问孩子的成绩，斥责孩子的过错，对孩子絮叨一堆道理，结果，这不仅起不到教育效果，还会给孩子带来巨大的心理压力，极不利于孩子的成长。

一个4岁的男孩在吃饭时，把饭掉到了桌上，这时妈妈就训斥孩子："你长着嘴是干什么的？为什么偏要把饭掉在桌上呢？"原本孩子还带着不错的心情在吃饭，由于妈妈的话，马上就情绪大变，委屈地哭起来。他这样一哭，妈妈更加恼火，大喊道："再哭就别吃了！"孩子眼泪一把鼻涕一把地边抽边吃，还不停地呛咳。

后来这个男孩就变得不爱吃饭了，因为他怕一吃饭自己哪里做得不好，又要被妈妈骂。如今他吃饭的速度非常快，几乎是狼吞虎咽。他的妻子心疼他，叫他慢点吃，可是他完全改不过来，仍旧不敢吃慢。医生已经多次提醒他，如今他的胃病已经很严重了。

据悉，中国青少年研究中心日前在全国六大城市3000名中小学生中进行的调查显示，有超过一半的孩子在吃饭时挨过父母批评。专家认为，餐桌是全家团圆、感情汇聚的欢乐地，父母若将进餐时间当作教育孩子的课堂，将会给孩子的身心健康造成不良影响。

一位在吃饭时经常受到父母训斥的小朋友说，他很羡慕电视上一家人围坐餐桌欢声笑语的情景：父母给孩子夹菜，妈妈问孩子好不好吃，爸爸也不板着脸，而是讲述当天的趣事和见闻。他非常希望饭桌上的话题不要总针对自己，而且不要专拣自己的弱点说。"让我安心吃顿饭好不好？"

良好的"餐桌文化"氛围，可使家人放松心情、调理生理状况，对孩子的生活和学习起到积极作用。但不少家长饭碗一端上手，便喋喋不休，对孩子学业成绩不理想横加指责，这势必挫伤孩子的自尊。如果饭桌上的指责取代了家庭教育，会让孩子对吃饭产生一种习惯性的惧怵和恐慌，在饭桌上会如坐针毡，备受压抑和困扰，长此以往，孩子容易诱发心理疾病。

吃饭时对孩子絮叨责备，不仅会在心理上对孩子形成压力，也对孩子的身体不利。相关专家认为，孩子心不在"食"，纳食不香，会影响消化和吸收，将导致胃病和厌食；孩子在用餐时受到训斥伤心掉泪，边吃边哭，很容易在抽泣时将食物吞咽到气管里去，引起强烈的呛咳，甚至呼吸受阻，危及生命。

既然孩子在准备吃饭的时候身心比较放松、愉悦，那就好好利用这段时间，想一些好玩的小游戏吧，比如孩子今天回答问题的时候被老师表扬了，那么晚餐时间就准备好几个高脚杯，全家"以水代酒"举杯庆祝一下，并对孩子的努力提出表扬。

如果真的有什么事情需要我们教育孩子，也不要在餐桌上当着大家的面，要照顾到孩子的自尊。孩子的内心敏感而脆弱，犯错时当众责罚，会极大地伤害孩子的自尊，影响孩子的自信。很多时候，孩子不愿意承认错误，往往是觉得比较丢人。所以，当孩子在犯错时，把他叫到自己的房间里，态度冷静、平和地跟孩子交流，你会发现孩子少了一些顾虑，更愿意打开心扉说出自己的想法。

教育孩子的时候我们要选择最佳的时机，而不是非要在饭桌上。那么在饭桌上我们能教给孩子什么呢？

参与意识

饭前让孩子去分发筷子、勺子，饭后让孩子帮忙撤盘子、抹桌子……这些力所能及的小家务，孩子完全可以胜任。通过参与做家务，慢慢培养孩子的家庭责任感，让孩子知道：家庭中的成员要学会分担，谁都没权利随便要求别人伺候自己！

进餐礼仪

一个孩子的家庭教养和人品，往往在餐桌上一览无余。良好的进餐礼仪，对孩子的人际交往以及未来的成长发展都有莫大帮助。一个吃饭护食、满盘子乱翻的孩子，往往比较自私、小气，到哪都招人厌。所以，我们一定要把基本的礼貌告诉孩子：不许把好吃的菜放到自己跟前；夹菜的时候不能满盘子乱翻；尝过的东西不能再放回盘子里……

自理能力

孩子三四岁的时候，基本就该自己吃饭了，给孩子一把小勺子，然后就不要过多地去干涉他了，吃什么、吃多少，都让孩子自己决定。当孩子不愿意再吃的时候，就让他一边玩去吧，千万别逼他多吃，或者端个碗在孩子屁股后头跟着喂。因为这样既不容易培养孩子良好的饮食习惯，也不容易培养孩子的独立自主能力。很多青春期过度肥胖的孩子，往往跟此有关。

时间观念

做任何事情都有时间限度，一顿饭，坚决不能让孩子无限制地吃下去。一个从小吃饭磨磨蹭蹭的孩子，长大以后也容易遗留磨蹭、拖拉的毛病。所以，吃饭的时候尽量关掉电视机、手机，全家一块专心地吃饭，讲讲开心的事，聊聊学校、公司的见闻，让一顿饭气氛轻松、时间适度。

全家人在一起用餐，这时往往是孩子表达欲最强的时候，是孩子发表"高论"和发布"新闻"的好机会，同时也是父母了解和指导孩子的最佳时机，更是加深家庭成员之间感情的纽带。所以找个令孩子感兴趣的话题，让他有参与发表自己"高论"和发布"新闻"的机会。而我们要注意的是，尽量不要谈让孩子紧张的话题，切忌一人说了算的"家长式"说教。

第 3 章

更好的成绩，绝非考满分

1. 那些总考第一名的孩子，后来怎么样了

前段时间有篇文章刷爆了朋友圈，一位妈妈说她儿子从小就是学霸，一路上重点学校，一直年级排名前三，最后保送进了名牌大学。可是大学毕业一年，他失业了三次。

前两次是没过试用期，第三次是自己估计通不过，主动打包走人了。然后他就拒绝再找工作，现在已经在家闷了快半年，整天打游戏到深夜，无节制地吃"垃圾"食品。

这位妈妈急得起火，偷偷打电话给儿子的前领导。对方坦诚地说："你儿子工作不上心，好几次安排他工作，他根本就不干，还没有任何理由，批评他一次，第二天他就不上班了。而且他不太懂事，开会老呛领导，走廊里见了老总从来不打招呼，跟同事相处也不好……"

这些话让这位妈妈大为吃惊。她承认儿子确实有点自我，但没料到问题如此严重。她说："我有一个那么优秀的儿子，以前一直是我的骄傲，我也觉得自己是挺成功的母亲，但怎么一下子就变成这样了呢？"

事情肯定不是一下变成这样的。这个男孩身上肯定有很多糟糕的特质，比如不懂得尊重他人、心理脆弱、责任心差……只是这些统统被孩子的成绩覆盖了。很多家长认为，只要孩子的成绩好，那么他肯定哪方面都好，却没想到总考第一的孩子在步入社会后哪方面都差，甚至无法融入社会中。

主持人白岩松曾经给自己的孩子寄出了一封"人生邮件"，邮件中特别强调"不争第一"。他说道："人生不是竞技，不必把撞线当成最大的光荣。当了第一的人也许是脆弱的，众人之上的滋味尝尽，如再有下落，感受的可能就是悲凉，于是，就将永远向前。站在第一位置的人不一定是胜者，每一次第一总是一时的风光，却赌不来一世的顺畅。"

白岩松之所以有如此深的体会，就是因为他曾是班里成绩倒数的人。所以身为父母的他知道，总要求孩子考第一并不是一件好事。不仅会给孩子带来很大的压力，还会由于只注重孩子的成绩而忽视了孩子其他方面的教育。

《光明日报》曾引用了一个研究数据：在美国，有人曾经对200多位学生做过30多年的跟踪调查，发现在成功人士中，有多达80%的人是在校学习成绩中等的学生，而不是那些被人们称为"尖子生"的佼佼者；有些甚至是学习成绩很差，被认为是"朽木不可雕"的学生。

家长之所以更关注成绩，一是因为大环境的影响，二是因为成绩是评价一个孩子最直观的标准。就像我们总是把有钱就等同于成年人的成功，我们也容易用分数来衡量一个孩子是否优秀。

好的成绩决定孩子能否进入好的大学，但并不等于孩子将有一个好的未来。这个道理其实我们都懂，但就是说服不了自己放弃对成绩的关注。

其实，这里并不是让我们放弃对孩子成绩的关注，而是不要过度关注，除了学习成绩，还是学习成绩。我们要分出一点精力去关注一下孩子其他方面的发展。

关注孩子最好的朋友是谁

孩子有一个或者几个好朋友，证明他有正常的人际交往能力。如果他一个朋友都没有，就说明他是一个缺少正常人际交往的孩子，这样的孩子往往会表现出如下适应困难：拘谨胆小、害羞怕生、孤僻退缩，或自我中心、不能合作、任性、攻击他人。

如果你发现孩子的朋友少，从没有邀请同学来家里做客，也不曾被邀请，平时也不愿意和同学在一起讨论、玩耍，那么一定要帮助孩子学习如何与同学相处，如何交朋友。

关注孩子最近的情绪变化

了解一下孩子是不是最近学习压力过大，认真地和他交流沟通，并注意观察孩子的行为举止，及时了解他的心理变化，一旦发现孩子出现情绪低落、烦躁等异常现象，应引起高度重视，并及时疏导，可以带孩子玩一玩他喜欢的游戏，或者出去旅行，放松一下。

关注孩子读了多少课外书

多读课外书，有助于孩子的爱心、相互理解、相互帮助等情商方面的培养。6~8岁的孩子在语言、心理各方面已有长足发展，父母可以为其提供一些传记或历史故事。要尽可能让孩子接触不同类型的课外书，以扩大孩子的眼界。9~10岁是喜欢幻想的年龄，这时要注意开发，多让孩子读一些激发想象力和创造力的东西，比如科幻、侦探、神秘的自然科学之类的。建议11~12岁的孩子多看天文、地理、历史、政治、文学名著等。

事实上，这些分数之外的能力和素质，诸如适应环境的能力、人际交往的能力、承受挫折的能力、随机应变的能力、自我约束的能力等，所有这些能力才是决定孩子未来人生的关键因素。

2. 孩子考了倒数第一，你的态度决定他的未来

如果有一天，你的孩子考试成绩很糟糕，或者考了倒数第一，甚至带着一张零分的试卷回家，你会如何面对？

曾经有一位广东的男孩就读于当地的重点高中。在一次考试后，他排在了年级的 50 多名，对他期望很高的父亲回到家看到没考好的儿子竟然在上网，于是大发雷霆。那个孩子说上网是用来缓解考试没考好的坏心情。然而这位父亲听后更加生气，冲儿子狠扇耳光。儿子也被激怒，挥起菜刀向父亲猛砍。最后父亲被送进医院，儿子跳楼自杀。

过于重视孩子的成绩，不仅让孩子有压力甚至抗拒，还会扼杀孩子的灵性。曾有一项调查表明，班级里将来有成就的学生往往是那些成绩中等的学生。教育专家提醒我们，孩子成绩不好，只能说明某些学科学得不好，并不能代表孩子将来不好。作为父母，我们绝不能用学习成绩去预测孩子的未来。

所以，当孩子考砸了或成绩不理想时，对他轻则指责、批评，重则动手打骂的方式极其错误。从心理健康方面来说，父母粗鲁暴躁的行为容易导致孩子人格的畸形化。尤其是处在叛逆期的孩子，性格本来就比较叛逆，父母若用暴力来教育孩子，孩子很容易产生恐惧和焦虑，形成抵触心理，不敢再相信父母，最终形成孤僻或分裂等心理疾病。

事实上，孩子的成绩起伏是非常正常的现象，反倒是成绩一直突出才是非常反常的现象，如果家长要求孩子一直名列前茅，就严重违背了孩子成长的规律。父母应该正确、平和地看待孩子的成绩起伏。

考试具有四大意义：考试是最好的查漏补缺，考试是最好的复习，考试是对一个阶段学习状态的最好反馈，考试是对顽强的心理品质的一次最好磨炼。但是有的家长不看重考试的这四大意义，只看重分数，分高了就一好遮百丑，分低了就一无是处，家长的态度严重偏离了考试本质。

父母的宽容理解会让孩子因分数低的失落情绪得到缓解，同时在父母的

安慰中，他会感受到父母的关心和体谅，他一定会在心里告诉自己下次要考好，因为他也不想让父母失望。

这是一位妈妈对待孩子分数的态度。

第一次，小学老师说："这次数学考试，你儿子考了 10 分。我们怀疑他智力上有障碍，你最好带他到医院查查。"回家的路上，她流了泪，然而回到家，她对儿子说："老师对你很有信心，说你并不是一个坏孩子，只要能细心些，一定会赶上你的同桌。"儿子在她的鼓励下，第二天早早地就去上学。

第二次，初中开家长会时，妈妈直到结束都没有听到老师点她儿子的名字。临走时她去问老师，老师告诉她，按她儿子现在的成绩，考重点高中有点危险。她怀着失望的心情走出校门，发现儿子在等她，但她告诉儿子："老师对你非常满意，她说了，只要你努力，很有希望考上重点高中。"

高考结束后，儿子被清华大学录取了。他哭着对妈妈说："妈妈，我知道我不是一个聪明的孩子，是您……"

孩子在考试的时候没能取得好成绩，原因有很多，例如没有复习，试题比较难，考试的时候自己身体不舒服等，而且一次成绩考不好，并不代表以后孩子的成绩也不好。

教育家叶圣陶曾提出"不以分数论英雄"的教育思想。叶老认为，分数不是衡量孩子素质的唯一标准。父母的眼中不能只有分数没有"人"。每个孩子都是一个正在成长中的人，父母要给孩子真切的关怀，而不是将孩子看作一个符号和一个分数。孩子考试没考好，家长的态度很重要，我们的态度决定他的未来。作为家长的我们应该做到以下几点：

先找老师沟通

当我们知道孩子的成绩很差时，千万不要急于质问、指责孩子，保持冷静。我们首先可以先和孩子的老师沟通，听听老师的看法。然后结合老师的话在孩子心情好一些的时候和孩子沟通。我们要学会暂时给孩子一个空间，尊重孩子的隐私。有些孩子没考好，本来心情就糟糕，家长一问就更烦。其实，家长不问孩子也憋不住，孩子的情感会慢慢流露的，这个时候再让他尽情地说，给他发泄的机会，他会说得滔滔不绝。

注意听孩子辩解

有时"低分"并不低，比如全班数学平均成绩是 40 分，而孩子考了 60 分，他可能是班上的"尖子"。此外，孩子考低分还可能有其他某种生理原因，如考试时头晕、肚疼等。此时我们需要耐心地和孩子沟通，看看是什么原因导致孩子没有考好。

要以鼓励为主

孩子上次考试排名倒数第一，你生气大怒，结果这次还是倒数第一，你又生气大怒。其实这样完全没有意义。即使孩子的成绩差，我们也要从中看到他的进步，比如上次他考了 30 分，而这次考了 40 分，我们要做的是鼓励孩子这 10 分的进步，帮助他树立学习的信心，他已经在进步了，进步就要表扬，不要一看到不及格就责骂。

看孩子是单项差还是全差

我们要看孩子其他科目的考分，不要只看一门课程考试差，就说孩子差，要把单项差与全差区别开来。如果孩子因一门差而感到自卑、气馁，我们在鼓励的同时，千万不要强化孩子的这一弱项，比如"你的英语真够差的"。我们要学会用其他科目的好成绩来调整孩子的情绪，比如"你的数学真好，真聪明""如果你能每天多背几个单词，多听一些英文歌曲和看一些简单的英文书籍，你的英语会和数学一样好的"。

民主地和孩子沟通

我们要多站在孩子的角度考虑，让他感觉到父母是真的关心他，在教育孩子时，父母最好把自己先摆进去，比如这次你没考好我们有责任，你认为我们该注意哪些地方呢？

所谓没考好就是说隐藏的问题暴露出来了，这对孩子来说是一个非常好的进步机会。我们不要因为孩子没考好就愁眉苦脸，给孩子培养一种"输不起"的心态，而应该跟孩子一起面对，正确地引导孩子反思总结。"考砸了"只是个现象，更重要的是说明孩子这个阶段的学习出了问题，找到了问题，进而就找到解决的方法。所以在孩子的学习和成长中，类似"考砸了"这样的失败也是非常有意义的。

3. 为什么说考中上等的孩子较有出息

中国台湾作家林清玄曾经在杭州一所小学的课堂上与学生家长分享了一个小秘密。他说："如果你的孩子是第一名，那就让他别那么努力，轻松点进7到17名里，那才能成功嘛。如果你的孩子是后几名，那就让他努力进到前17名里面。"

林清玄为什么这么说呢？原因是班级排名7到17名的孩子人际关系更好，他可以和第一名做朋友，也可以和最后一名做朋友。而且一般说来，排在这个阶段的孩子压力小，生活更轻松，也更有创造力。

一个知名企业的人力资源经理也说，以他多年招聘的经验看，在校学习成绩中上等的孩子是较有前途的，尤其是那些兴趣广泛、学习中上等的孩子，出了社会一般都有出息。

原因是这一类孩子往往精力充沛，学校的课业他们只拿出部分精力来对付，却花时间涉猎很多与学习毫不相关的东西，比如怎么与老师周旋、钻学校的漏洞，怎么和父母周旋、怎么想方设法搞点儿零用钱、怎么和小伙伴斗智斗勇……总之他们在学习之余就喜欢搞点"歪门邪道"，想办法达到自己的目的。这些看似不务正业的技能，实际上都是出了校门后对他们十分有用的能力和经验。

新东方教育集团创始人俞敏洪也曾强调："人的成长是一辈子的事情，绝对不是由你在小学、中学所得的分数决定的。分数对孩子来说很重要，但是不能因为孩子分数低就认为孩子没出息。请家长一定要改一改判断成功的标准。"

为了纪念首相丘吉尔，英国政府曾以丘吉尔的名义斥资600万英镑修建了一个博物馆。这个博物馆对外开放之时，向公众展示了丘吉尔首相从未现世的珍贵物品，其中就包括了丘吉尔童年成绩的报告单。

当年，丘吉尔的父亲对他给予了厚望，把他送到了哈罗公学，号称是学费高昂的英国第一学府。可是，年幼的丘吉尔是一个"调皮捣蛋"的男孩，经常搞一些恶作剧，也经常受到老师的批评。在学校的一本惩罚记录本上，丘吉尔榜上有名，他由于经常忘记写作业被老师罚站。进入中学后，丘吉尔的学习成绩仍然一塌糊涂。据那份发黄的1883年的成绩单披露，丘吉尔的历史成绩最好，得了一个"优秀"，而最差劲的则是地理，老师给了他一个"红灯笼"。在历史上，丘吉尔是一个充满激情的艺术家，可是让人不可思议的是，他在小学时的绘画技能却只有"初级水平"，根本看不出任何艺术天分。

中国台湾的林子铭教授说，台湾商业杂志调查发现：一般大型企业的老板都不是班上的第一名，通常排名在第十名左右。这是为什么呢？

林子铭教授解释说，学习太好的学生每天回家都会被父母盯着做功课，从小到大最看重的是分数，眼中只有自己，这类学生的情商通常不会太高，往往只关注学习，而不会关心其他同学和班级状况。而第十名左右的那类学生，智商和资质都是中上等，但是他们不会被分数控制，有更多精力去涉猎不同的知识，抗压能力比较强，人缘也比较好。而那些为人处世、人际关系等与人打交道的能力，是以后事业成功的关键，这比在校时的分数重要得多。

对孩子品行、情商等这些素质的培养，说着容易做起来难。最关键的是，如果我们做父母的本身不具备良好的品德，为人处世不够达观，世界观不够健全，那么就很难给孩子树立正确的世界观和良好的品德。我们想要孩子有出息，就要在提升自己的水平上下功夫，毕竟，我们才是孩子最好的榜样和老师。

所以，我们不要只注重孩子的分数，还要注意培养孩子的能力。

时间管理能力

我们培养孩子学会管理时间的第一步，就是引导孩子建立对时间的概念，比如讲故事的时候，我们可以看一下钟表，告诉孩子现在长针指到"6"，是8点30分，我们开始讲故事了。等到讲完故事，我们再看一下钟表，长针指到"8"了，10分钟过去了。这样孩子就能够随时随地"听"到时间、了解时间，由此加深对时间概念的感觉。

等孩子大一些的时候，我们还可以帮助孩子做一个时间计划表，计划可以分为"天计划""周计划"和"月计划"。由此可以帮助孩子自己管理时间，提高做事效率。

演讲能力

我们生活中会有很多活动与演讲有关，孩子在学校竞选需要演讲，将来参加其他竞选也需要演讲。通过演讲把一个人的思想告诉别人，说服别人。那么这个过程中孩子的逻辑思维、语言组织能力都会提高。

平时我们可以多让孩子学习一些演讲材料，锻炼孩子的语言表达，还可以多带孩子到公共场合比如公园、广场等，让孩子多与人接触，多与人交流。我们还要多与孩子互动，一起玩一些语言游戏，比如给孩子定一些简单的演讲题目，让孩子自由发挥，比如我的爸爸、我的玩具熊等，或者让孩子自己讲故事。

爱的能力

我们在给予孩子爱时，也要不失时机地对孩子进行"爱心教育"。我们可以通过日常生活中的一些小事培养孩子爱的能力。一次公交车上的让座，一次向灾区的捐献，一次对孤寡老人的慰问……都可以在无形中培养起孩子关爱他人、帮助他人的品质。

我们还可以通过给孩子讲解母亲节、父亲节、教师节等节日，鼓励孩子献上自己的爱心。一句祝福，一份自己做的小礼物，一杯爱心水，一次家务的分担……都是孩子爱的付出。我们在肯定孩子付出的同时，也可以使孩子体会到付出的愉悦。

林清玄说过这样一段话："小孩成绩可能不是顶尖杰出，但是不要放弃，因为世界上每个孩子都是不一样的，就像种植物一样，山坡地种竹笋、香蕉，沙地种西瓜和哈密瓜，烂泥巴里种芋头，不同植物适合不同土地，不是只有一个样子的。"愿身为父母的我们应加以深思。

4. 不要培养只有成绩好，却没有生活情趣的孩子

所谓生活情趣，是精神生活的一种追求，对生命之乐的一种感知，或者说是一种快乐的能力，一种时时都能在生活中找到乐子的能力。

对孩子来说，快乐是简单的。一朵小花，一只蜗牛，一个水中晃动的月亮剪影，都能让他痴迷半天，快乐很久。这些快乐的感受，就是生活的情趣。但现在的我们为了孩子将来能考入一个好的学校，有一个好的未来，不自觉地剥夺了孩子去做这些看似没意义的事，希望他把时间和精力更多地花费在学习上。

如果我们不只是希望孩子能考出好成绩，还希望他成为一个快乐的人，那么，我们就不能忽略对孩子生活情趣的培养。这种培养不是带孩子去上一个兴趣班就能搞定，而是需要我们自己先做一个有情趣的人。

微信公众号"十点读书"的签约作者菀彼青青曾写过一篇文章，讲述了这样一个故事：

一次，作者去外地旅行，参加了当地景点举办的桃花节。作者遇到了一对母女。她们走在路上，突然间小女孩摔了一跤，于是母亲便和小女孩坐下来休息。不一会儿工夫，这位母亲用长着野花的草枝编了两个花环，戴在了自己和小女孩的头上。小女孩看见花环的瞬间便露出了笑颜，不再为摔一跤而伤心。后来路过的孩子们也对她们头顶的花环羡慕不已，于是这位母亲又编了好几个花环送给那些孩子们，他们个个欢呼雀跃，开心极了。

一个随时随地都能保持生活情趣，并愿意哄孩子开心的母亲，一定是个热爱生活的人，也一定是个内心温暖之人。当我们口口声声"希望孩子快乐成长"的时候，是否想过自己是不是一个快乐的父母？一位网友写道："从小特别羡慕一种家庭，爸妈性格开朗幽默，和孩子沟通有说有笑，全家会坐在一起讲笑话。妈妈有一手好厨艺，喜欢园艺和手工，会讲故事会唱歌，爸爸喜欢运动和钓鱼，偶尔自创别致的家居物品，孩子阳光自信，热爱生活。"其实，他所羡慕的就是有情趣的父母。

想让孩子有良好的情趣，我们家长就应该为孩子树立一个好的榜样，比如要热爱生活、热爱美的事物等。我们可以和孩子一起去发现美，感受美。

俞敏洪曾在演讲中说过这样的故事：

有一次，俞敏洪带着家人到海边度假。因为刚好是农历十五，大家便到海边看月亮是怎么升起的。眼看着一点点的月牙渐渐探出头来，直到突然跃出水面，月光一泻千里投射到大家面前，顿时让人感受到"春江潮水连海平，海上明月共潮生"的意境。一小时后，俞敏洪说："有点凉了，回宾馆吧。""爸爸我不走，我要看到月亮升到我头顶再走。"女儿的回答让他感到有些意外，最后，大家在海边又待了三小时。

还有一次，俞敏洪带儿子去野外露营，大家搭着帐篷睡了一夜。结果回到家里，儿子在床边也搭了个帐篷，天天钻进去睡。有一天，儿子口里突然蹦出了一个让他特别难忘的问题："爸爸，我们什么时候再睡在星星下面？"

当时俞敏洪问来听他演讲的父母，你们多少人曾经在月圆的晚上带着孩子看月亮；或是躺在一个没有城市灯光污染的草地上看满天的繁星，并且告诉孩子银河在什么地方，北斗星是哪一颗；还有多少人带着孩子去辨识各种各样的农作物以及学习它们的生长周期？

生活中的美无处不在，整洁舒适的家居环境，色彩协调的家具饰品，衣着服饰的出色搭配等，都会使孩子建立良好的审美观。让孩子玩色彩鲜艳的玩具，玩水、沙子、泥巴、气球、各种纹理的布，通过感觉刺激大脑的发育，增加对色彩的敏感度。

我们也可以陪孩子在细雨中漫步，在草地上摸爬滚打，玩平衡木、玩球，在音乐中手舞足蹈，增加身体的协调性。观察一朵花、一片叶子、一颗星星、一只昆虫，愉悦身心，激发孩子的创造力。大自然会给人灵感，风声、雨声、鸟语花香，对大自然感兴趣的孩子会成为一个有情趣的人。

那么如何培养孩子成为一个有情趣的人呢？

坚持每天写一段话

孩子对于每件事都有自己的看法，鼓励他写下来，并且坚持一段时间。当他回头去看时，会发现那时的自己居然是那么想的。我们的孩子也许擅长写东西、讲故事，也许不擅长，这都无所谓，仅仅写作的本身就足够有情趣。

带孩子去看现场剧

儿童剧、音乐剧、布偶剧等都适合孩子观看。这些现场表演带给孩子的感受是无法通过看电视体会出来的。同时这些直面观众的表演，能够让孩子切身地知道如何用肢体及语言吸引目标对象的注意。孩子不一定学得会，但至少是一个有情趣的体验。

和孩子一起做饭

哪怕是一个简单的番茄炒蛋或是手卷寿司，让孩子体验吃自己做的美味的感受，其中的成就感和满足感足以成为生活乐趣的一部分。

见识更多有情趣的人和事物

抽时间带孩子去旅行，开阔眼界是生活中最有情趣的事情。如果你工作很忙，没有那么多的时间，不妨多去发掘一些身边有情趣的地方，或者小店，或者集会，或者城市步道。

生活有情趣的人处处都可以发现美，找到爱，看到人生的风景，找到生活的快乐。让孩子拥有一种情怀，让他成为一个有情趣的人，也是可以让孩子终生都可以享受到人生的快乐的一种能力。如果把这样的能力带给孩子，就等于给孩子的快乐买了保险，他既会成为一个活得很有热情的人，也会成为一个可以给他的家庭带来快乐的人。

5. 不要培养只有成绩好，却没有同情心的孩子

"当身边的小伙伴遇到困难和意外时，他不会主动去关心和安慰别人；有人意外摔倒时，他也不去搀扶；甚至对生病的小动物没有一点怜悯之心……"一些家长经常抱怨自己的孩子自私自利、冷漠无情，缺少同情心。

心理学研究表明，在孩子自我意识形成和发展的最初阶段，他们的心理活动都单纯围绕自我出发，接触、了解与自己紧密相连的人和事，获取自己想要的一切东西；他们所提出的任何要求都是从满足自己的生理和安全等需

要出发，不知道考虑别人对此有什么想法，更难以理解别人可能有完全不同于自己的看法。

到了两三岁以后，随着孩子社会活动范围的扩大和交往经验的积累，孩子才逐渐在主观上产生你我的区别，并能逐步从客观的角度看待自己。因此，在孩子心理发展的早期阶段，如果缺乏正确的教育和引导，孩子很容易产生自私、缺少同情心的行为。

同情心是构成完美个性、良好品德的要素之一，对孩子个性的健康发展，尤其是情感的发展意义重大，是孩子建立良好人际关系的重要基础。富有同情心的孩子一般心地善良，性情温和，惹人喜爱；缺乏同情心的孩子却会性情怪异，易走极端，不易与人亲近，人际关系也会出现危机。

因此，我们从小就要培养孩子，尤其是独生子女的同情心。同情心的产生，需要的是自然而然地模仿、潜移默化地渗透，是从外在到内心，从量变到质变的过程。

凯瑞有 4 个孩子，最小的才 2 岁。可当邻居搬走后，4 个小家伙都主动承担起照顾邻居家猫狗的任务。无论天气好坏，他们都风雨无阻、乐此不疲。凯瑞自豪地说：“孩子们做的这些会帮助他们记住那条‘黄金准则’：你需要像爱自己一样爱你的邻居，即使你不是特别喜欢那样做。”

凯瑞还说：“孩子们通常喜欢自己做点贡献，因此要让他们参与力所能及的慈善活动。”每个星期，凯瑞的孩子们都会数数自己手里攒了多少钱。这些钱可以被捐出来做慈善活动，或者为贫困的儿童买点东西。

美国《育儿》杂志网站曾发文指出，同情心其实是与生俱来的，只不过在不同的年龄段表现形式不同罢了。我们会发现在孩子很小的时候，富于想象的他对周围的一切，包括没有生命的东西都会表示同情；甚至玩具狗掉在地上，孩子也会边揉边说：“摔疼了吗？我帮你揉一揉。”长大了，他也会主动帮那些需要帮助的人：有的小朋友摔倒了，他会立刻去扶起并关切地问候他；有的同学数学题弄不明白，他会非常热心地上前讲解……而对于孩子表现出来的这种同情心，家长要做的就是给予肯定和鼓励。

　　同时，对于孩子缺乏同情心、对别人的痛苦漠不关心的行为，我们要耐心而巧妙地施教，不能大加指责。严厉的斥责会给孩子一种心理暗示，让他对自己形成一种固定的评价：自己是没有同情心的。于是在以后的生活学习中，他就会以自己的行为不断强化这一判断，教育的效果就微乎其微了。

　　此外，我们还要检验自己是否具有同情心。有些父母对别人的困难和不幸总是无动于衷，他们不欣赏也不理解孩子的同情行为，怪他多管闲事，久而久之，孩子也就感受不到人间珍贵的友情，幼小的同情心就这样在无形之中被扼杀了。

　　家长是孩子最早模仿的对象，孩子同情心的发展最需要父母的言传身教。由于孩子年龄小，模仿性强，具有高度的可塑性，所以一方面我们要培养孩子富有同情心的行为习惯，另一方面我们也要提高自身的修养和素质，为孩子树立良好的榜样。

　　对于渐渐丧失了同情心的孩子，我们要帮助他重新找到丢失的同情心，我们可以这样做：

让孩子进行情感体验

　　我们要经常引导孩子观察什么情况会让别人难过，别人什么时候需要自己的帮助。在"有意"和"无意"的熏陶下，孩子渐渐懂得了同情他人、帮助他人。

给孩子创设培养爱心的氛围

　　培养孩子的同情心，除了言传身教外，创设适当的爱心氛围也是必要的，比如养些花草和小动物，让孩子每天照顾它的生长和饮食起居，遇到困难尽可能让他自己解决。有意识地让孩子知道，一个小生命能够生存下来是多么不容易，世上的每个生命都很珍贵，都值得我们珍惜和关爱。

用趣味故事激发孩子的爱心

故事永远是孩子最喜欢的，故事中的内容也常会被他当成格言一样信奉。利用孩子的这种心理，我们可以有意识地买些有教育意义的趣味故事书让孩子看，让他在不知不觉中受到熏陶，得到教育。这样的方法，孩子很乐意接受，家长还不费力气，同时又收到了很好的教育效果。

让礼貌成为习惯

有时候孩子急着表达友好之情，而会粗暴地去抓别人的手。遇到这种情况，我们可以示范另一种表达方式。育有两个小孩的母亲安娜说，你应该告诉孩子，"要温柔一些"，然后，抓着他的手用动作来教会他，多大劲儿的触摸才称得上温柔和礼貌。

有一位哲学家曾说："对于一切有生命之物的同情，是对品行端正的最牢固和最可靠的保证。谁满怀这种同情，谁就肯定不会伤害人、损害人、使人痛苦，如果能宽容地对待他人，宽恕他人，帮助他人，那么他的行动将会带有公正和博爱的印证。"

6. 除了分数，孩子还需要抗挫折能力

如今，孩子的心理承受能力越来越差。很多孩子只爱听表扬，受不了批评，一批评就不高兴，哭闹；还有一些孩子只要大人不满足他的要求就乱发脾气，大喊大叫；甚至一遇到困难就愁眉苦脸，不是想找大人帮忙就是想放弃，或怨天尤人。

心理学上将这些表现称之为抗挫商太低。心理学家曾对孩子的抗挫能力进行过调查，结果显示有 55% 的孩子顶不住失败的打击，31.2% 的孩子认

为自己没有经过挫折，承受能力不强。因此意识到这一点的家长便开始下意识地对孩子进行挫折教育。

大部分家长的方法大致是这样：人为地让孩子产生挫败感，然后天真地以为孩子一直在这种人工营造的挫折环境下成长，便能够习惯挫折，最终将挫折看淡。还有一种家长现在"常用方法"的就是给孩子泼冷水，一旦孩子表现出"骄傲"的情绪，父母就会下意识地泼冷水。然而这种错误的挫折教育方法其实是对孩子抗挫能力弱的原因没有深刻地剖析，不知道孩子抗挫能力弱的原因自然就不能对症下药，效果往往适得其反。

其实，经科学调查发现，孩子抗挫能力的强弱最终取决于家庭。孩子在家庭中长大，父母对待挫折和父母在孩子面对挫折时做出的反应直接影响孩子以后独立面对挫折的态度。如果父母自己在面对挫折的时候抱着一个乐观的态度，那么孩子耳濡目染地也会学会，以后对待挫折，他便能够像自己的父母一样豁达。当然，这是一个方面，父母在孩子面对挫折的时候对待孩子的态度也影响孩子以后面对挫折的态度，这个方面在我们生活中有很好的例子：孩子考试考差了，我们是否会批评孩子。

俞敏洪曾表示，父母给孩子传递逆商，比要求他考好大学要重要得多。因为孩子的命运是由多层因素组成的，想清楚了这一点，你就会关注到：你的孩子有没有逆商，能不能承受住打击，打击以后还能不能保持对生活的热情很重要。

11岁的奇思羽毛球打得非常棒，他经常向人吹嘘在学校没有对手。于是奇思的爸爸决定杀杀他的锐气。一天下午放学，他们拿着球拍来到附近学校的羽毛球场比赛。爷爷做裁判。比赛开始后，奇思的爸爸非常轻松地赢下了3局。

当裁判宣布奇思的爸爸获胜的时候，奇思扔下球拍，坐在地上大哭大闹起来。奇思的爸爸心想，对儿子进行挫折教育的机会来了。于是，他开始哄奇思，逗他乐，用最好听的话维护他的自尊，并抚摸着他的头说："虽然爸爸赢了，可是你不畏强势，敢于向爸爸挑战，即使输了也输得光荣啊！"

然后奇思的爸爸又说道："跟高手过招就是取经再学习，跟臭棋篓子下棋只能停滞不前。"奇思听爸爸这样一说，破涕为笑，并对爸爸说："等我再长大些，刻苦练习打球，向我们学校的教练学习，肯定能超过你。"

在接下来的日子里，奇思在完成老师布置的作业后，就去打球。当他面对强悍的对手失败时，爸爸就小心地维护着他的自尊，他抗挫折的心理承受能力不断增强；当他以胜利者的姿态打败一个个对手时，爸爸就提醒他戒骄戒躁。

在"挫折教育"中，还有一种似是而非的说法："要让孩子在不断的挫折中接受挫折教育。"似乎孩子经受的挫折越多越好。挫折，是个人从事有目的的活动时，由于遇到障碍和干扰，其需要不能满足时的一种消极的情绪状态。

既然"挫折"是一种消极的情绪状态，就绝不该越多越好。过多的挫折，会使孩子失去自信心，变得十分自卑和软弱，这就像经常遭到老师批评的学生无法树立学习的自信心一样，这是和"挫折教育"的目的背道而驰的。因此，就"挫折教育"而言，无论其数量和质量，都不应该超过必要的限度。

那么，我们应该如何适度地培养孩子的抗挫折能力呢？

让孩子自己承担相应的职责

许多孩子敢于面对挑战，是因为他们有承担失败的勇气，而这种勇气，很多时候都是在其自我承担中获得的。很多父母对孩子太多溺爱和包办代替，让孩子在成功的道路上走得太顺，直至孩子受到大的挫折，摔个"大跟头"不肯起来时，才知道自己对孩子过度溺爱，让他丧失了承担的能力。所以我们要在现实生活中让孩子学会自己做事，并学会自我承担，比如让孩子自己定闹钟起床，自己处理与伙伴的矛盾，自己去验证自己的想法等。

保护孩子的好奇心

孩子从刚出生时就对周围的世界充满着好奇，有对未知的探索冲动。从孩子能爬能走时，我们就需要让孩子感受到世界的美妙，不要因为担心孩子会弄脏自己的衣服，或弄乱家里的摆设而限制孩子的自由，同时对于孩子的探索行为给予鼓励。如果教育得当，到了中小学时，孩子就会变得兴趣广泛，乐于尝试新鲜事物。这时我们就可以进一步发掘孩子身上的潜能，发现他的优势，培养他的爱好，这对孩子未来事业的发展和人生的方向都会起到重要的影响。

让孩子在做事中拥有成就感

孩子之所以能坚持不懈，很多时候是做事的成功体验让他着迷，他喜欢完成事情之后父母的称赞，别人的仰慕，甚至是自我欣赏的满足。所以，孩子的每个进步都需要得到及时地发现和肯定，我们对孩子真诚的肯定和表扬，都是孩子成就感的来源。

有时大人怕孩子经受挫折，其实是大人自己怕挫折，怕自己的教育暴露出问题让自己沮丧、失去信心。如果大人的内心变得坚强起来，给孩子的影响也会是正面的。给孩子一些受挫折的机会，让他在适度的挫折中经受锻炼，他的内心便会逐渐强大。在这样的机会中，大人不能袖手旁观，要给予孩子正确而恰当的引导和帮助，使孩子在挫折中成熟起来。

7．孩子的成长一定比成绩更重要

2016 年高考作文全国卷 I 的作文题目是根据试卷中给出的漫画写一篇文章。漫画的内容很简单，就是一个孩子考了 100 分，脸上得了一个吻；当他考了 98 分时，脸上就得了一个巴掌。另一个孩子考了 55 分，脸上得了一个巴掌；当他考了 61 分时，脸上却得了一个吻。

这幅简单的漫画反映出一个引人深思的问题，那就是当前家长对学生学习分数的态度。我们大多数家长对孩子取得进步视而不见，而是把眼睛死死地盯着孩子的学习成绩，认为 100 分是最好的，如果满分是 200 分，那就要 200 分，总之是分数越高越好。但我们有没有想过，简单的一张试卷，一笔勾勒出来的数字就可以代表自己孩子的成绩吗？换句话说，难道没有好的成绩，就不能证明孩子的优秀吗？

在德国，评定孩子学习成绩时，运用社会参照标准即绝对标准 ±1 的评定方法进行，孩子的最终得分等于社会参照标准 ±1，也就是孩子只要有进步就可以加一个等级，如出现退步则减一个等级。日本在对学生进行学习成绩的评定时也充分考虑到了学生态度和行为的进步与发展，提出了应依据每个学生的实际进步情况进行考评的思想，取代了过去以统一的标准来要求所有学生的做法。

白岩松在谈起自己的教子经历时，他表示从不看重孩子的成绩，而是尽可能尊重孩子的兴趣，给孩子更多的自由。有一次，在第二天有课的情况下，白岩松同意孩子在头一天半夜看球，结果是孩子次日放学回家骄傲地告诉他："我们班没有任何人敢这样。"后来，白岩松的儿子晋升为一支民间球队的队长，白岩松对此有说不出的"开心"。

同样地，白岩松并不认为"看球是瞎看，没啥用"，这对孩子的成长很重要。白岩松举了个例子，孩子最喜欢的是曼城队，有一场事关曼城队夺冠的比赛，同样是在夜里看。在比赛接近尾声时曼城队还是 1:2 落后，但就在最后的四五分钟，奇迹出现了，曼城连入两球逆转夺冠！

"请问在人生中，哪有这么好的机会让孩子感受到不放弃结果可能会发生改变的例子。课堂上给不了。"因此，即便是在那天，孩子一直到两三点还没睡，但白岩松相信，孩子第二天上课一定比往常更认真。

每个孩子都是独一无二的。由于先天和后天的因素，他们的智力水平、理解能力、教育背景、思维方式都有着千差万别，免不了成绩有好有坏。如果孩子学习已经非常刻苦了，成绩却不怎么理想，此时我们应该做的是给孩子信心，而不是一味泼冷水，这样反而会使孩子对学习产生反感情绪。

有些孩子这样写道，"如果我考试成绩不理想，爸妈肯定会阴沉着脸，这对我的自尊心杀伤力是 100%""我最不能容忍的是父母对我藐视的态度，那时候我就想对他们说，你们有没有考虑过我的自尊心？你们以为我不想考好吗？"我们要多听听孩子的心声，不要一味斥责孩子，而要多鼓励，给他自信，帮助他分析存在的问题，寻找对策，这样孩子才不至于产生逆反心理，才愿意和家长交流。

何况，衡量一个孩子成绩的好坏不应该拿他和其他孩子的成绩横向比较，而应该是和自己的过去成绩纵向比较，只要孩子对比过去有了进步，那就是他的成长。而在孩子取得进步的时候，我们及时送上表扬和鼓励，这可以培养出孩子耐心、积极的好习惯。

如果我们重视孩子自身的进步，并把这一信息传达给孩子，可以使孩子更善于反思和总结，同时还能够培养出孩子良好的竞争心态。因为让孩子重视自身的进步，首先就会使孩子将目光放在对自己过去的不足的检查和弥补上面，这样慢慢就会培养出孩子经常反思、纠错、复习的好习惯，也更加有利于知识的吸收和巩固。

其次，孩子告别了无谓的横向比较，不用再将眼光放在那些条件不同的同学身上，这无形之中也就给他减少了很多心理负担，在类似考试等发挥自己知识的面前，也不至于因为紧张而出现失常的状况。所以，除了关注学习成绩是否进步，我们还要关注孩子的其他方面的成长。

关注孩子的身体健康状况

健康的体魄是孩子学习和生活的保障。随着孩子的课业增多，外出活动的时间必然会减少。而且很多孩子喜欢趴着写字，扭曲着身子听课，时间一长，视力下降，体重增加，各种疾病也随之而来。所以，我们要时刻关注孩子的身体健康状况，在闲暇时间带孩子外出运动，骑单车，多接触大自然，强健孩子的体魄，陶冶孩子的情操。

关注孩子的心理变化

处在青春期的孩子，总想摆脱老师与家长的束缚，有事不太愿意和父母及老师交流，情感脆弱，做事易冲动。这时，我们一定细心观察，悉心引导；要关注孩子的心理问题、青春期早恋问题；平时要与孩子多交流，询问学习情况，不能等成绩出来、问题出来才想到去关心孩子；在教育上应该讲究方式方法，不能态度粗暴，不能语言过激，要把握好尺度，特别是在纠正孩子关键性缺点时一定要慎重，选择最佳地点与时机。

关注孩子的兴趣爱好

杨振宁教授说："一个孩子要发生兴趣的东西，通常他是有能力自己找出来的。不管是父母也好，老师也好，要鼓励孩子发现自己的兴趣，要鼓励他培养自己的兴趣，鼓励他将来发展自己的兴趣。"我们可以充分利用周末、节假日与孩子一起进商店，逛公园，或到树林里散步，留心孩子感兴趣的商品、书籍、景物等。此外，我们还可以跟孩子一起写字、画画、读书、做手工、修理日用品、一起做家务……孩子在与家长共同活动时，其兴趣和爱好便会清楚地表现出来。

关注孩子和朋友的相处情况

观察孩子有几个亲密的好朋友，是否和朋友相处融洽。如果孩子非常喜欢交朋友，性格活泼外向，我们就要对其鼓励，邀请他的朋友到家里做客，培养孩子待人接物、与人分享的能力。如果孩子性格内向，不敢与朋友交往，我们就要多带孩子出门参加社交活动，例如带孩子参加故事会、联欢活动等。

生活中的点点滴滴都是孩子成长的见证，我们要跟着孩子一天天地去学会做父母。把孩子培养成为社会有用之才，既是我们做父母的愿景，也是责任，更是一个复杂而长期的过程，不可能立竿见影，一蹴而就，我们要做好充分的心理准备，要有计划和有步骤地去进行。

8. 杜威：面向未来的教育

杜威是美国哲学家、教育家，实用主义哲学的创始人之一。他将实用主义哲学与美国教育实际相结合，创立了独具特色的教育理论，对美国以及世界许多国家的教育产生了重要影响。

杜威认为，教育之所以重要，是因为教育既关乎个人的成长，也关乎社会的进步。"教育与成长的关系很密切。教育就是长进。没有教育就没有长进。教育不进步，社会也不能进步"。关乎成长的教育乃是一种开放式的教育，一种面向未来的教育，而不仅仅是面向过去的教育。开放式教育的一个重要特点是，它不采取固定不变的教育模式，而是采取因时施教和因材施教的方针。杜威说："教育的目标必须是灵活的，它必须能够改变以适应环境。"

一位教育家曾说："教育是帮助一个孩子在未来的生活中更成功地寻求自己的幸福，如果我们现在的教育不能为孩子的未来奠定基础，那我们的孩子30年后一定会被全新的社会所抛弃。"教育者应该认识到"教孩子三年，一定要为孩子未来想30年"。

前段时间有一件非常出名的事情：人工智能 AlphaGo 击败围棋世界冠军、职业九段棋手李世石，随后又击败了另一位世界冠军柯洁。被击败后的柯洁在微博中这样写道："我研究了大半年围棋软件，无数次的理论、实践，就是想知道计算机到底强在哪里。昨夜辗转反侧，不想竟一夜难眠，人类数千年的实战演练进化，计算机却告诉我们人类全是错的。"

不知不觉中人工智能已经走得这么快了，智能手机、智能清洁机器人、虚拟机器人等早已步入我们的生活。即便我们离想象中的人工智能仍有距离，但它对人类社会产生的冲击已经全面展开了。

2013年9月，牛津大学弗瑞和奥斯本发表了《就业的未来》研究报告，调查各项工作在未来20年被计算机取代的可能性。其中，收银员97%、厨师96%、服务员94%、律师助手94%、导游91%、面包师89%、公交车司机89%、建筑工人88%、兽医助手86%、安保人员84%、船员83%、调酒师77%、档案管理员76%、木匠72%、救生员67%。

另外根据《未来简史》的预测，军队会大规模削减，就业会受到重大影响的还有：各种流水线上的工人（比如制衣）、银行柜台人员、旅行社职员、金融交易员、基金经理、医生、药剂师、秘书……

有网友开玩笑说："你在鄙视别人家孩子的时候，人工智能正站在食物链顶端鄙视你！"如果你还在纠结孩子的分数问题，觉得这才是孩子目前的意义，舍不得放手，腾不出手为孩子去做一些更宏观的思考与布局，那么你家的孩子未来会变得非常被动。而一些有远见的家长正在为孩子的未来着想，让孩子学习一些未来可以用得上的技能。

一位家长说，就像学英语是为了交流，并不是一定为了当英语老师或翻译官。同样，他让自己的孩子从小学编程并不是长大后一定要成为程序员或者开发者。除了学习和计算机交流，更多的是学习"计算思维"，以及如何独立思考解决问题的能力。

在未来的人工智能时代，孩子拥有的思考能力更重要，所以，他想把孩子培养成一个善于独立思考、拥有自己独立思想和眼光的孩子，这样独特的个性和思想，将使孩子在未来具有超凡价值，也更讨人喜欢。

"东方爱婴"创始人贾军女士在采访时曾说："未知的东西越来越多，那我们就要在早期帮助孩子构建思维，我们的孩子需要为未知而学习，意味着需要培养孩子科学思维、美学思维、创造性思维和永不衰竭的好奇心。"

那么，面对未来将要发生的趋势和挑战，我们应该着重培养孩子的哪些能力呢？

拥有设计感的能力

索尼前任总裁大贺典雄说过，"我们认为竞争对手的产品在技术、价格、性能和特征上与索尼的产品相差无几。但是我们的产品与其他产品的最大不同就是——有设计感。"

大到买一辆新车，小到买一部手机，该款产品是否设计得足够漂亮往往是打动消费者的重要因素。有人预测，在未来社会当中，读 MFA（艺术硕士）的人会超过读 MBA（工商管理硕士）的人。

我们可以多带孩子去参观博物馆、多去观看艺术展、多去欣赏美好事物、多读时尚杂志，以此来提升孩子的审美能力和设计感。

讲故事的能力

美国心理学家斯坎克说过，"人类生来不能很好地理解逻辑，但是却能很好地理解故事。"在观点爆炸的未来时代，每个人都有自己的想法，孩子需要拥有如何去说服别人，甚至说服自己的能力，才能与他人更好地建立连接。

首先，我们可以鼓励孩子把自己经历的事情写下来。在整理思维的同时，还能促进对某些事情的深度思考，顺便悟出一些经验和道理。其次，我们要引导孩子听别人的故事，多听自然可以收获很多的故事。通过借鉴和模仿，就可以提高孩子自己讲故事的能力。

共情的能力

共情指的是能够站在对方的立场上思考问题的能力。再详细一点，就是能够设身处地地理解对方，并且能够深入对方内心去体会对方情绪或感受的能力。

缺少共情能力的人是没有办法处理好人际关系的。因为在与人沟通的过程中，不懂得共情的人只会将注意力集中在自己的身上，一个人在那滔滔不绝，而完全忽略对方的真实存在。要知道，没有人愿意和一个太过自我的人交朋友。

提高孩子的共情能力，首先是要孩子破除自恋的状态，一个自恋的人是不愿意拿出任何一点多余的精力去关注别人的。其次是让孩子尝试着对别人感兴趣。每个人都有自己不一样的经历和独特的故事，让孩子试着把交谈当成是去探寻某个人背后故事的过程，交谈就变成了一件很有趣的事情。

为孩子选择教育和培养知识技能的同时，我们需要更多地关注孩子的基本素养和综合能力，让孩子在未来的世界里，能够生活得更好，产生更大的幸福感，实现人生的圆满。

第 4 章

更好的玩具，绝非昂贵的

1. 昂贵的玩具能让孩子更聪明吗

在卖益智类玩具的商店内，我们可以看到里面玩具的价格从几百元到上千元不等。大部分玩具都标有"增强脑部开发，培养动手能力、识别能力、逻辑推理能力"等广告宣传字样。而这类昂贵的玩具特别受孩子和家长的欢迎，原因就是这些昂贵的玩具能让孩子更聪明。

可是，事实真的如此吗？美国儿科学会曾发表过一篇文章，叫作《The Secret to a Smarter Baby》。文章中提到，作为父母，我们在希望孩子健康、快乐的同时，也希望他聪明伶俐。于是，面对各种各样昂贵的玩具，我们的反应都是买买买，以为这样就可以让孩子变得更聪明。当然，这是一笔很大的开销，并不是所有的家庭都能够承受的，那些不能承受买昂贵的玩具的母亲也不用自责，因为到目前为止，还没有充足的科学证据证明那些高级玩具发出的铃声、汽笛声以及开关等，对孩子那复杂的大脑会形成什么刺激，并促进大脑的发育，那些让孩子如何聪明、如何进步的宣传，只是商家的炒作罢了。

实际上，玩具并不是越贵越好，而是它所带来的实用价值，比如有些电动、遥控汽车，价格很贵，而玩法只有一种，孩子操作的机会不多，很快就会失去兴趣。花同样的钱，却可以买十几辆微型小汽车玩具。我们可以每月买一辆微型小汽车玩具，也可在孩子有进步时买一辆以示鼓励。每买一辆微型小汽车玩具，都要给孩子介绍其名称、性能、用途等。日积月累，微型小汽车玩具的数目、类型越来越多，孩子的知识面也拓宽了。此时又可利用这些微型小汽车玩具跟孩子一起玩汽车公司的游戏等，一物多玩，提高了玩具的利用率。

何况，未必所有的孩子都适合玩昂贵的玩具。3岁多的孩子一般都喜爱玩过家家的游戏，我们如果给孩子买一些过家家的玩具，像洋娃娃、小盆、小碗之类，孩子必定会喜欢。而这个年龄段的孩子对智力玩具没有太大的兴趣。

我们选购玩具时要适合儿童的年龄特点，不同年龄阶段的儿童，他们的兴趣爱好、理解和接受能力差异较大。因此，我们在给孩子选择玩具时，要注意为孩子选择适合他的生理和心理特点的玩具，应让玩具起到开发儿童智力的作用，而不是越贵、越高级、越多就好。

在一个亲子共读会上，然然的妈妈遇到了强强的妈妈，两个人非常聊得来，一来二去成为朋友。一次，然然的妈妈向强强的妈妈抱怨他们家的然然太淘气了，把玩具从篮子里往外乱丢，每个玩具都玩不了多长时间就撇一边了，跟着屁股后面打扫都忙不过来。给他买新玩具吧，也只是玩十几分钟就失去了兴趣，气死人了！

强强的妈妈笑了笑说："我家孩子只有三种玩具：一套积木、一辆小汽车、一个小皮球。每次他都玩得津津有味。等玩坏了，或者不适合现在年龄了，我就让他把玩具送给我表弟家的孩子后，再给他买新的。强强对于自己的玩具格外珍惜。"

美国一项关于学龄前儿童教育计划的研究结果显示，给孩子过多的玩具或不适当的玩具会损害他的认知能力。而且，过多的玩具不但对孩子的心理发展没有益处，还会让孩子养成浪费的习惯，不知道爱惜玩具，随意把玩具弄坏，再要新的。那些玩具较少的孩子，不仅懂得爱护玩具，平时由于父母与他们一起阅读、唱歌和游戏的时间会相对更多，所以他们要比那些玩具少的同龄小朋友智力水平高。

另外，孩子是"喜新厌旧"的，昂贵的玩具虽然可以满足孩子一时的拥有欲望，但时间一长，它们在孩子的心中便变得可有可无了。如果我们能够把注意力放在玩具的功能上，挑选玩具不是注重玩具是否时髦，价格是否昂贵等方面，不仅可以促进孩子的智力和身体发育，而且能让孩子懂得事物的真正价值在于能为人们提供启发和帮助，而不是满足炫耀和占有的欲望。

在孩子的眼里，玩具的价值并不跟价格成正比。在夏天，一支小水枪比一支八音枪要令孩子开心得多，即使不玩水，孩子也可用它来比划着"打仗"，嘴里不断地发出"叭叭"的枪声。只有适合孩子的玩具，才是最有价值的。所以我们必须掌握买玩具的主动权，学会开发玩具的功能。那么如何给孩子买好玩具呢？为此，我们应该做的事是：

不要用传统观念判断孩子需要什么玩具，比如男孩需要枪，女孩需要洋娃娃。

避免广告对孩子的干扰和邻居家孩子的玩具对孩子的诱惑。

和孩子一起玩，尽可能发挥玩具的功能。

经常观察孩子的爱好和兴趣。

不要用自己的审美判断来取代孩子的审美判断。

不要有求必应，这会减少孩子对玩具的兴趣。

玩就是孩子的工作，玩具被喻为"人生第一部教科书"。很多妈妈会花很多很多钱在玩具上，认为多买昂贵的玩具，就能让孩子更聪明。但事实上，我们只是把玩具一股脑儿地买回来，堆在孩子面前或者放在他手里，发现孩子不喜欢玩，就再去买一堆。这样并没有什么意义，只有孩子喜欢的、适合他的玩具才是最好的。给孩子买玩具，最主要的是让孩子通过玩玩具有所收益。

2．大自然的泥土、沙子也可以是好的玩具

大多数家长尤其是城市里的家长不愿意让自己的孩子玩泥土、沙子，因为他们怕孩子弄脏手、脸和衣服，难免会为自己带来麻烦，比如孩子玩了一晚上沙子之后，我们就要帮他洗掉身上的沙子，换衣服，洗衣服，但是与孩子的快乐相比，这些真的不算什么。有位妈妈说："我让孩子尽情玩，我以洗孩子的一堆衣服为成就感。"

孩子的天性就是特别喜欢玩泥土、沙子，很多家长却因为孩子玩泥土、沙子而大发雷霆，甚至非常厌恶脏兮兮的孩子。他们认为泥土、沙子是不卫生的，其实恰恰相反，只要是比较干净的，没有污染的泥土、沙子等，让孩子玩一玩，对孩子的手指和手部都是很好的锻炼。

由于孩子的手指尖上布满神经细胞，孩子在玩泥土、沙子时，可以使手指的神经细胞得到充分全面的刺激，经过手部的感觉神经和运动神经配合视觉等，把感觉信息传给大脑，并传达大脑的指令，这样就对大脑细胞起到了良好的刺激作用。

玩泥土、沙子等不仅能够促进孩子手部操作能力的提高，同时也能促进孩子身体的协调能力，包括大小肌肉的协调，手眼的协调能力也会随之发展。这样就能够促进孩子智力的发展。

泥土和沙子是孩子最喜欢的玩具之一。一般孩子在1岁以后对泥土、沙子就特别感兴趣，只要遇到土堆、土坑、土地都想用手抓一抓，有的甚至想用嘴去舔。当然，土里面有很多的细菌，而且病从口入，因此我们不建议孩

子吃土。但是，孩子玩泥土、沙子是有很多好处的。

第一，孩子在玩泥土、沙子的过程中可以学到很多东西，通过挖、抓、刨、撒等动作可以大大地开发孩子的大脑和协作能力。第二，泥土、沙子并不是什么脏东西。如果泥土、沙子弄脏了衣服，只要稍微一拍打或者一洗就会很干净。第三，玩泥土、沙子可以让孩子真正享受本能的那种快乐，让孩子的身心得到健康发展。第四，玩泥土、沙子不仅不会危害到孩子的健康，反而会让孩子的身体更加的健壮，不容易生病。

因此，当我们的孩子在玩泥土、沙子的时候，只要看着孩子不吃到嘴里就好了，给孩子一片自由的天地，让他尽情地玩耍，不要再吵嚷他了。

馨悦每周六的上午都会在妈妈的陪同下去家附近的一块空地上玩泥巴。上午10点，馨悦会跟着妈妈准时出发。妈妈会给她准备一套旧衣服作为"劳动服"，同时还会给馨悦制作一个小围裙，反面用塑料纸衬上，在馨悦玩水的时候用。

"虽然是个女孩子，可是她喜欢玩泥土、玩沙子，我愿意让她玩，不在乎是否弄脏衣服了。"馨悦的妈妈这样说道，同时她也非常自豪地说，馨悦的动手能力比同龄的孩子高很多。

作家孙瑞雪在她的《捕捉儿童敏感期》中写道："沙子和水是大自然赐予孩子最好的礼物，任何一种玩具都无法与之相媲美。"对于泥土、沙子和水，孩子百玩不厌。主要是因为它们有一个共同的特点，就是没有固定的形状，孩子可以根据自己的意愿，随心所欲地玩。

他可以在沙堆上造鸟窝、挖洞、建水库、筑堤坝，也可以用手在泥土中搅拌，感受泥土带给自己的温暖，亦可以用泥捏造奇形怪状的人，鸡、鸭、狗等小动物或者是正方形、圆形等各种图形，或是拍扁做"饼"。

孩子在泥土、沙子中，随心所欲地玩个不停，欢笑不停，并且大大地发展了想象力和创造力。泥土、沙子这些看似原始的玩具，对孩子的成长大有裨益。《培养孩子从画画开始》的作者就提倡让孩子多玩泥土、沙子和水，这样孩子的动手能力强，协调性好。

那么，当孩子在玩泥土、沙子之时，我们需要注意哪些问题呢？

（1）我们一定要让孩子用洗手液或香皂认真地洗手，如果有泥土、沙子嵌进指甲缝里，还需要用软刷子或牙刷清理干净。

（2）我们要用清水给孩子漱口、洗脸，因为孩子在玩的过程中，嘴巴、鼻子里难免会留存一些泥土、沙子。

（3）最好将换下来的玩泥土、沙子的衣服单独洗涤，还要把孩子用过的玩具擦洗干净，必要时还可以用清洗液消毒。

孩子在玩泥土、沙子的过程中，我们要提防孩子用手去揉眼睛。孩子在疲倦或肚子饿的时候，容易把手放到眼睛上或嘴里，所以在玩泥土、沙子前，最好先让孩子睡上一觉，并且吃些食物。同时我们也要提醒孩子喝水，一般孩子玩到兴头上，就会忘了喝水。而在春夏季病毒高发期，多喝水，对孩子的健康是很有好处的。

3. 这些生活用品就是好的益智玩具

我们可能都有这样的感受，给孩子买的玩具他不喜欢玩，可是对于家里的生活用品却"情有独钟"。厨房里的锅碗瓢盆，药箱里的药瓶和药丸，针线盒里的线卷、扣子和细小的缝衣针，家里大大小小、形状各异的生活用品都强烈地吸引着孩子的眼球和好奇心，成了他反复把玩的宝贝。

孩子为什么那么喜欢生活用品呢？首先，生活用品和玩具最大的区别就是真实感，孩子更喜欢真实的生活物品，比如孩子喜欢玩电视机或空调遥控器，因为只要按一下，电视机或空调就会给孩子反应，电视机可以切换频道、可以增高或降低声音，而空调可以吹出暖风或冷风。这种有互动的操作，能让孩子产生兴趣与成就感。

生活用品和玩具还有一个很大的区别在于材质、形状。一般孩子的玩具都要经过质检部门的抽查，而且材质、形状也是有规定的。而生活用品的材质、形状五花八门，对孩子来说非常新鲜，这让孩子无论是在触觉、视觉、味觉、嗅觉、听觉上都可以得到更丰富的感受。同时通过刺激五觉增进孩子的探索欲望，促进孩子的感官发育。

孩子还会认为生活用品是可以跟爸爸妈妈一起玩的玩具。孩子平时玩的玩具能运用到生活中的少之又少，所以很多家长不会去玩孩子的玩具，这在孩子的心理上产生玩具只是玩具的概念。而生活用品，家长日常生活中无时无刻不在使用，这让孩子觉得，生活用品真的很神奇，爸爸妈妈每天都在玩，我也要像爸爸妈妈一样。这让孩子产生了浓厚的兴趣，同时也丰富了孩子的生活体验。

贝蒂很认真地玩胶棒的情景给贝蒂的妈妈留下了深刻的印象。从那以后，无论贝蒂对家里的什么东西感兴趣，妈妈都会尽量满足贝蒂的好奇心，让她摸一摸、碰一碰，并不轻易阻止她。有一阵，家中CD机里的磁盘被贝蒂放进去又拿出来，折腾了好一阵，但很快她就学会自己放音乐了。

在2岁多的时候，贝蒂又要抢着用剪刀。于是贝蒂的妈妈在保证安全的情况下，就让贝蒂试一试，之后贝蒂的妈妈就给她买了一把儿童专用的小剪刀，和她一起剪彩纸。之后不久贝蒂又开始对胶带纸感兴趣。贝蒂的妈妈就教她怎样用。后来贝蒂居然能把各种东西都贴在墙上，小手也越来越能干。

生活用品对孩子的角色意识要求低，适合孩子的成长与发展。很多生活用品其实已经被开发成玩具，例如厨房里的锅碗瓢盆玩具、医院的药箱药品和听诊器等玩具，但是这些生活用品玩具对宝宝的角色意识和社会水平要求比较高，它们需要宝宝有一定的生活经验、想象力和角色表演意识才能把这些玩具玩起来，所以不适合低龄孩子。不少孩子对假生活用品玩具的兴趣时间很短，却对真生活用品由衷喜爱。

通常情况下，把生活用品当玩具的孩子，想象力都比较丰富，他能创造性地以物代物进行各类游戏。作为家长，我们除了肯定他的动脑行为之外，还需要注意以下几个方面：

注意安全

生活用品种类繁多，有电器、刀具和化学物品等，这对孩子的安全、健康可能存在很大的隐患，所以在孩子玩生活用品时，我们要时刻注意孩子的安全，避免孩子受到伤害。

帮孩子做好物品区分

孩子抓住什么玩什么，他没有这个物品很贵重的概念，所以经常会在不知不觉中就玩坏很多贵重物品，产生破坏行为。所以我们要适时培养孩子爱惜物品的好习惯。如果孩子对某样物品很感兴趣，我们可以找一些替代品，如喜欢玩遥控器，那么就找一些不用的、坏掉的遥控器让孩子探究。

把生活用品和玩具结合

我们可以把生活用品和玩具结合起来让孩子玩，不要因为让孩子玩生活用品而不买玩具给孩子，也不要因为买了很多玩具而去阻止孩子研究生活用品。

穿插一些德育教育

我们可以在孩子玩日常生活用品的时候，给孩子穿插一些德育教育，如孩子在玩扫帚、铲子时，我们可以鼓励孩子参与到日常劳动中。

教孩子认识实物

很多时候，我们会买书或卡片让孩子认识生活用品。与其让孩子看图认知，还不如真实环境中的认知，这样孩子既能触摸又能操作，还在无形中提高了孩子的认知能力。

生活用品是很好的益智玩具，有许多适合孩子年龄特点和开发潜能的功能，但是生活用品毕竟不是专门为孩子开发设计的，所以当孩子把生活用品当玩具的时候，我们要用心关注和引导。在这一点上美国人做得非常好。

美国一个跨国集团在全世界招募冰箱生产厂商，我国一个著名冰箱企业也参与竞争，但是最终这个跨国集团并没有选择这个冰箱企业作为厂商，其中有一个重要的问题就是冰箱的外包装塑料袋没有两个孔，这是从孩子的安全角度考虑的。

因为一般客户把冰箱买回家，往往会把外包装塑料袋扔在一边，而孩子特别喜欢钻进塑料袋里玩。如果没有孔的话，很有可能造成孩子窒息，在外包装塑料袋上打两个孔，就是为了避免这种情况发生。

4．和孩子一起动手做玩具，省钱又有意思

有很多父母表示，花钱买来的玩具，到了孩子的手中也只是一时的兴趣而已，为了杜绝"浪费"的现象，聪明的父母想到了和孩子一起亲手自创玩具。这样不仅省钱还很意思。

丽丽今年4岁，对于妈妈给她买的玩具，她最多只玩一个星期就把它们扔到一边。而在妈妈眼中的废品，如一根绳子、一块碎布头等却被丽丽当成宝贝，翻来覆去地玩出不少花样。

有一天，丽丽正在晃药瓶子玩，里面刚好有几颗药没吃完，一摇就发出"当当"的声音，丽丽高兴地拿起这个"拨浪鼓"摇个不停。丽丽的妈妈由此想到，将各种不同质地的瓶子装上不同的石子或是黄豆等，不是可以发出不同的声音吗？于是丽丽的妈妈在药瓶子、牛奶瓶、食品罐里各装些小石子或是黄豆，每一种都可摇出不同的声音，这成了丽丽最爱玩的游戏。她一会儿摇摇这个，一会儿

摇摇那个，乐此不疲。

后来，丽丽稍微大一些，就可以自己制作玩具了。有一天，她高兴地对妈妈说自己可以做一个水枪了。只见丽丽手里拿着一个可乐瓶子，用手一挤，水从瓶盖上面的一个小孔中喷出老远，真的变成了一个"水枪"了。丽丽的妈妈连忙夸奖女儿，说她有创意，丽丽高兴地笑了。

我们在教孩子自己制作玩具时，容易犯两个错误：一是缺乏耐心，看见孩子做得不好，就大失所望，不再认真指导。这样会使孩子丧失自信心。其实，尽管孩子做得可能不合家长的意，但对孩子来说那也是自己的制作，比如孩子可能叠纸时有些歪扭，那也无妨，只要孩子有信心去叠，就是向成功迈近了一步。二是完全包办，比如我们经常听到这样的声音："你看爸爸给你做好一个……好玩吧？"其实，我们大可与孩子共同进行这一创作，不要嫌孩子碍手碍脚，这正是给孩子自己动手的一个机会。当然，我们在与孩子制作一些较复杂的玩具时，要注意孩子的年龄与动手能力，可以由我们完成一部分，给孩子留下一部分，这样逐步由家长指导下的共同制作，到合作研讨型的共同制作，最后过渡到孩子自己独立制作。

在和孩子一起制作玩具的时候，我们可以先提供一些事物的图片或者造型，然后引导孩子发散思维去思考，再调动孩子的制作热情，让孩子尽情地发挥自己的想象力，创造自己头脑中的事物。这样制作玩具不仅锻炼了孩子的动手能力，还能很好地培养孩子的创造能力。

和孩子一起动手做玩具，还有助于增强孩子的自信心。我们平时多注重孩子在做玩具方面的练习，孩子的动手力、注意力、领悟力、学习力等各方面都会有所提高。孩子也会因此受到家人、朋友和老师的夸奖，大大增加了他的成就感和自信心，而这种成就感和自信心又会对孩子的进步起到积极的作用。

此外，和孩子一起动手做玩具，还能增进孩子和父母的感情，改善亲子关系。"每次做玩具时，孩子和我特别亲密，而且主动给我搬椅子坐，还说什么担心妈妈腰疼之类的话，显得特别懂事。"晓晓的妈妈幸福地说道。

因此，我们不妨从小培养孩子做玩具的能力。当孩子还没有做玩具的经验时，就和孩子一起做玩具，把做玩具的经验和方法同时传授给孩子，让孩子在制作中获得乐趣，提高孩子各方面的能力。

下面有几样简易的玩具制作方法，我们和孩子一起动手吧！

不倒翁

把乒乓球用剪刀去掉一半，将橡皮泥捏成团填在半个乒乓球内抹平。再把白色硬纸剪成一个扇形，扇形的弧长应稍大于乒乓球的圆周长，并将扇形两边对接做成一个圆锥形帽子。将纸圆锥与乒乓球黏接起来，用彩笔在乒乓球上画出头像。白色的圆锥形帽子也可用孩子熟悉的图案或花纹进行装饰。这样一个可爱的不倒翁就制成了。

纸杯小兔子

将一次性纸杯倒扣在桌子上，在纸杯的外面包上一层粉色的纸。用黄色的卡纸剪出兔子的大耳朵，用蓝色的卡纸剪出比黄色大耳朵小一圈的小耳朵并黏在一起。用卡纸逐一剪出胡须及眼睛，并黏到相应的位置，再用彩笔画出眼珠、鼻子和嘴。将已经做好的兔子耳朵黏到最上面，兔子就制作完成了。

圣诞树

先准备两片快递箱的硬纸板，剪出圣诞树的基本轮廓。每一片上下中间位置裁出一条缝，缝的宽度就是纸板的厚度。把两片纸板上下拼接，中间这条缝不要太长，拼接上后，可以随时修改长度。然后再刷上丙烯或用绿色的彩笔涂上颜色，纸板圣诞树就变成了绿色。再剪几个彩色的小圆纸片，然后在圣诞树的每个角上钻一个洞，用红毛线穿上，再把彩色的小圆纸片黏在红毛线上，一棵漂亮的圣诞树就完成了。

生活中可以用来做玩具的材料比比皆是，只要我们细心发现耐心引导，孩子的动手意识和能力一定能有所提高，而且玩得更有乐趣。

5. 玩具坏了，别急着扔，邀请孩子一起修理吧

如果孩子的玩具坏了，作为父母的你会怎样面对和处理这件事情？大多数父母可能会说："坏了就坏了呗，再买个新的不就行了！"即便是买了新玩具，那么旧玩具要怎么处理？难道就让它们成为垃圾堆放在箱子里吗？

约翰逊是美国的一位心理学教授，也是一个 6 岁孩子的爸爸，他说："玩具坏了，我会让孩子自己学着修理坏了的玩具。"接着他又说道："我认为玩具是孩子的东西，既然属于孩子，那么坏了也应该由孩子自己想办法来修理。如果孩子遇到修理难题，我会在一旁辅助他。"

杭州大关小学教育集团校长周华是北大一位学霸的父亲，他曾建议父母应该经常和孩子一起做三件事：一是和孩子一起进餐，家庭的共同价值观就在全家人围着一张桌子吃饭等活动过程中建立起来。二是邀请孩子一起修理玩具、家具，偶尔还邀请孩子帮忙解决工作中的困难。三是给孩子讲故事并邀请孩子自己讲故事。

其中的第二条在很多时候都被我们忽视了，甚至从来没有和孩子一起做过。很多父母在孩子玩具坏了之后，第一句话便是"把它扔到一边吧，过两天买个新的"或者是"放那里别管了，爸爸给你修好了再玩"。这样就会给孩子造成误导，让孩子觉得玩具坏了可以买新的，不管是什么东西坏了都可以用金钱来买新的，即便是不买，也有父母呢，他们会帮自己修好，自己没必要动手。这样做只会使孩子不懂得珍惜物品，养成浪费的恶习，同时什么事情都依赖父母，自主性差，以后无法独立。

鲍勃的儿子的玩具汽车撞到了院子里的树，当时玩具汽车撞得很严重，彻底撞坏了。儿子很沮丧地拿着玩具汽车来找鲍勃，他故意表现出很高兴的样子，然后对他说："这是多么好的一次机会啊，亲爱的，你完全可以利用修车的机会来了解汽车的构造，这不是你一直都想要了解的事情吗？"

听了鲍勃的话，儿子的脸上瞬间露出微笑，他跑到自己房间，开始了修理工作。最后，他花费了一天的时间终于让那个坏掉的玩具汽车重新运转了，他成功了。鲍勃高兴地说："我为你感到骄傲。"

像鲍勃这种做法在国外家庭中是经常会看到的，他们觉得这样做不仅能够保护孩子的自尊心，而且会给孩子提供一个独立发展的空间，对孩子的成长是有帮助的。当然，孩子的能力是有限的，如果在修理玩具的过程中，孩子遇到自己难以克服的困难，他们会先征求孩子的意见，如果孩子同意，他们就和孩子一起研究如何来修理玩具，这个过程也拉近了父母与子女的关系。

心理学家指出，孩子的能力是需要开发的，而实际生活中从一些细节上开发孩子的动手能力和操作能力是很有必要的。当孩子的玩具坏了之后，不要主动要求帮助孩子，而是不断地鼓励孩子，这样做不仅可以让孩子充满信心，还能让孩子知道父母是支持自己这么做的。

因此，我们应该从小事做起，尽力培养孩子的操作能力，帮助孩子培养更强的动手能力和独立性。下面有不同类型的玩具对应的简单的修理方法，以便孩子在修理的过程中遇到难题时，我们能给予适当的帮助。

毛绒玩具

毛绒玩具如维尼熊、阿狸、海绵宝宝等，用久之后容易变脏变形，有的地方还会脱线。首先要把它们洗涤干净，晾干，然后用梳子等工具把毛梳理整齐，脱线的地方用针线精心缝制起来，五官如有损坏就用相应材料制作修补，使其基本恢复到原来的形象。

木制玩具

木制玩具如木制小鸡、小鸭等拖拉玩具、锤子、榔头等。损坏情况有这样几种：

（1）玩具接头处松动。这只需用薄木片插入松动接口，用铁锤把薄木片敲入，使其牢固即可。

（2）玩具部件掉落。部件掉落后可先用乳胶黏上，再用小钉钉牢。

（3）锤床上的圆木棍或木锤坏了，我们可以用小木块自己做一个，用砂纸打磨光滑，再装入床孔或把子上。

惯性、机动玩具

汽车、飞机、鸭子等如果坏了，可用起子或老虎钳等仔细地把外壳打开，寻找原因，如里面零件脱落，装上就行；如连接口松开，重新装接好。

电动玩具

电动玩具如母鸡生蛋、小熊打鼓等。这些玩具不动的原因有：

（1）电池用完了，换上新电池即可。

（2）电池连接处接触不良，把连接处的铜片纠正到适当位置，使其接触良好。

（3）内部连接电线断落，小心打开玩具，寻找断落的电线，把电线接上或焊上，再按原样装好。

（4）交流电动玩具有时里面的保险丝会熔断，打开玩具，重换保险丝。

在新玩具买来以后，我们要教育孩子爱护玩具，同时教会孩子正确使用玩具的方法。当我们发现孩子使用不当时要及时提醒或制止，有些电动或声控等高档玩具，我们可以与孩子一起玩，以免损坏玩具。

6. 陪孩子一起去"疯"，你就是最好的玩具

我们都知道孩子的成长教育离不开玩具，可是很多家长不知道对于孩子来说，什么样的玩具是最合适的。特别是一些育儿经验不足的家长，常常为此困扰。其实你知道吗？最好的玩具就是父母本身。

心理学家指出，0~3岁的孩子最好的玩具其实是"人"，孩子最需要的并不是那些很贵的玩具，而是皮肤有温度、能陪着他一起玩的人。玩具只是玩耍中的辅助物，如果没有人陪着孩子玩，他不会玩得长久，所以可以看到很多孩子对玩具总是一时兴趣，随后就置之不理，这样一来注意力容易分散，也易导致心理发育迟缓。无论我们有多忙碌，都有必要经常带孩子一起玩，做孩子的"玩具"。

一位作家在回忆自己的父亲时说道，从小到大，他最忘不了的就是父亲的肩膀。在儿时的记忆中，他的父亲是一个大忙人。天刚蒙蒙亮时，父亲便起床下地干活了。那时他还小，根本不知道父亲是去参加什么样的劳动，只知道父亲只有每天劳动，才能让他们兄妹几个吃饱，也才能有钱给他买点小东西。

每次看到父亲劳动归来时，他是非常高兴的，因为他又可以和父亲玩"骑马兜圈圈"的游戏了。那时候他总是一跃而上，习惯性地爬上父亲的肩膀，坐在他结实的肩膀上，舒服极了。而父亲无论多累，总会载着他在院子里跑上几圈。而他，则双脚夹着父亲的脖子，双手拍着父亲的头发，口里直喊着："驾、驾、驾……"父子俩欢快的笑声顿时回荡在院子周围，好不惬意！

孩子真正看重的是和父母在一起的快乐时光，他需要被重视，需要和父母单独相处而不被打扰的时间，需要和父母建立一生的亲密关系！在沟通中增进亲子关系，进而提高孩子的情商和沟通能力，为他将来的成长打下有益的基础，这一点是任何玩具都无法给予的！

美国加利福尼亚大学儿童及青少年服务研究中心的专家认为，比起昂贵的产品，父母的影响对孩子更重要。在他们的研究报告中曾写道："我们总

是认为要给孩子买一些特制的玩具、听一些特别的音乐、玩一些特定的游戏才能刺激他们的发展，但我们应该提醒自己，每天都和孩子做一些活动，来刺激他们的大脑发展，这更重要。"

和孩子一起玩，首先我们要配合玩具来"吸引"孩子。从出生到 1 岁左右的婴儿，大致是靠听、看、触摸等感官知觉来认识他所生活的环境。1 岁以内的孩子，可以采用床栏玩具、手摇铃、固齿玩具、按压玩具和发声玩具等，以刺激孩子的感官和肢体发展。但不是把这些玩具扔给孩子就完事了，玩这些玩具时特别需要我们用自己夸张的肢体动作、表情和语言来引起孩子的兴趣。

其次，我们还要引导孩子发挥创造力。积木玩具是一种建构性的玩具，我们可以陪着孩子一起建属于自己的城堡，引导孩子拼出各种形状的动物和建筑，这对培养孩子的创造思考力很有好处，通过此类游戏还能让亲子关系更和谐。

还有很多游戏适合爸爸妈妈和孩子一起玩：

爬在父母身上

爬在父母身上玩耍，爸爸妈妈就成了孩子最棒的"大玩具"，对孩子自身动作的调整、身体的灵巧度、控制能力都有了锻炼。通过肌肤接触、语言交流、表情沟通，孩子能从父母身上获得很多信息，使父母和孩子的感情更亲密。

寻找物品

我们可以利用孩子喜欢"寻找"的特点，挖掘生活中具有教育意义的元素，促进孩子的发展。一开始时，我们可以把孩子寻找的物品设定为孩子非常喜欢的、非常想要的玩具，以后可逐渐增加为亲近的人找物品的机会，像给下班回家的爸爸找拖鞋，给爷爷奶奶找老花眼镜等，让孩子在为亲人服务中体验到快乐。孩子找到物品后，我们要给予充分的鼓励，亲一亲，抱一抱。

但"寻找"应在成人的视线内进行，"寻找"范围内不能有危险物。

一起种花

和孩子一起种花，栽种和照料的过程能让孩子感受到花草生长的变化，萌发关爱和亲近自然的美好情感，同时使用种花工具，还能促进孩子肢体和动作的协调。

玩具在孩子的整个成长过程中具有重要的意义，而父母的引导对于孩子的成长是至关重要。让自己成为孩子合格的玩具，让孩子茁壮成长。

7. 和孩子一起"游戏"，再贵的玩具也不如陪伴

如今，很多父母，特别是父亲非常忙碌，忙事业、忙赚钱，也忙着自己跳舞、打牌，缺少与孩子心灵的对话，缺少陪孩子唱儿歌、讲故事、玩游戏、捉迷藏的时间，孩子一有这方面的要求，就一句话打发："自己玩去，你没见我正忙吗！"他们对孩子，除了给钱、给吃穿、给玩具之外，至于像陪孩子玩乐的需要就基本顾不上。

英国教育家梅森认为，很多父母都说自己很忙，无暇陪伴自己的孩子。当他们终于有一天想好好关心孩子的时候，发现竟然无法与孩子进行沟通，对孩子来说，父母已经变得无足轻重。正如前段时间在朋友圈中流传的一个6岁女孩对爸爸说的话："再不陪我玩，我就长大了。"

心理学家表示，父母两人都忙于工作，与孩子在一起的时间越来越短，长期这样很容易对孩子造成精神上的忽略。父母对子女的关爱，是任何人不能替代的。孩子12岁之前，父母主动进行的亲子活动至关重要，会影响孩子的一生。这个阶段缺乏足够的陪伴，孩子的世界里就会缺乏父母的形象，

这极有可能造成将来叛逆以及无责任感，对身边的任何人、任何事都满不在乎，表现出消极、冷漠，习惯于爆粗口，甚至遭受到一点忽略或遇到一点挫折就会大发脾气，严重的还会做出很残暴的举动。

挣钱固然很重要，但是为什么要拼命挣钱呢？还不是为了孩子有更好的生活。为什么不能多花一些时间去陪陪孩子呢？不要再以忙、没时间为借口拒绝孩子了，我们的工作再忙、事业再大，能大得过陪孩子成长吗？

米歇尔曾在演讲中谈及奥巴马，她说不管多忙，奥巴马每晚都会和女儿一起吃饭，耐心回答她们的问题，为她们交朋友的事出谋划策。在晚餐时间，奥巴马会和女儿们谈一些家长常"唠叨"的问题："今天在学校怎么样？""和朋友们相处得好吗？"……

除此之外，奥巴马也很积极参加孩子们的活动，在场边给她们加油。他鼓励孩子们学跳舞，玩排球、橄榄球，练钢琴和网球等，更是经常带着孩子到游乐场……

难道奥巴马的工作不忙吗？奥巴马的助理表示："总统的日程以5分钟为单位细分，甚至包括会议间隔中的5分钟休息时间。"奥巴马也在节目里说过，当总统后，自己常常到凌晨2点才能睡觉，早上7点就要起床。

然而，从议员到总统，无论身居什么位置，有多忙碌，奥巴马总会抽出时间尽量陪伴在孩子身边，读书、聊天……奥巴马说过，他最骄傲的一件事是即使在长达21个月的总统选战中，也从未缺席过一次家长会。

孩子成长中每个脚步都是不可能重复的，许多事情一旦错过就不可挽回了。童心是一张洁净的白纸，要在这张白纸上画上最新最美的画图，作为父母，我们除了用丰富的物质生活作颜料，还要用父母之爱、稚子之情作彩笔，去描绘孩子的童真、感受、能力、理想……

每个孩子都需要从父母那里得到足够的重视。在每天的工作之余，我们一定要腾出一些时间参加孩子的活动，例如扮演一名老师、售票员或足球教练、汽车司机等。这样不仅给孩子提供了向父母学习的机会，还会促进家庭成员的交流，增进家庭的和睦。

况且，父母和孩子接触，关键的不是接触次数的多少、时间长短的问题，而是接触的质量。只要专心致志地和孩子在一起，让孩子感觉到我们是积极地陪伴着他，我们足够爱他，孩子就不会无理地要求我们一直陪伴自己。如果我们确实有自己的事情要做，他也会"乖乖"地等待，只要我们没有忘记他，只要我们在空闲的时候去陪他，跟他聊天，孩子就满足了。

然而，在家庭生活中，有的父母虽然看起来是跟孩子待在一起，可一直盯着手机，或是脑子里一直在想着工作上的事情，孩子说什么都没听到，心不在焉。这样的陪伴是"无效陪伴"，结果只能是孩子对我们一次又一次地失望，也许有一天，孩子就会把我们拒于心门之外。

有效的陪伴要求我们在陪伴孩子的过程中全心全意，倾情融入，不可人在心不在。"伴"的解释是成为他人的一半，思想、行为、精神倾情融入。多和孩子快乐互动，坐下来和孩子一起搭积木；摊开纸和孩子一起画画；蹲下来和孩子一起玩过家家；和孩子一起看他最喜欢的动画片，一起笑；和他快乐地谈话，用你和蔼的表情和温柔快乐的语调带给他信任和安全感。每一件在你看来微不足道的小事，都会在他的生命中刻下难以磨灭的印迹。

除此之外，有效陪伴孩子还要求我们要做到以下几方面：

（1）了解孩子的兴趣和需求，并以他的需求为导向，为他的成长提供支持和帮助。玩什么和怎么玩都让孩子选择，策划活动，包括去哪里、看什么、吃什么等。我们只需要给予孩子鼓励和建议。

（2）给孩子提供必要的帮助与支持。当孩子面对挫折时，面对冲突时，我们要及时站在孩子身边，告诉他，有我在你是安全的，你是被爱的，并给孩子具体的指导和帮助，帮孩子渡过难关。

（3）认真地注视和倾听。这是平等交往主体间的信息传递和彼此沟通，而不是一种控制与被控制的单方说教。

香港特别行政区新一任行政长官林郑月娥曾说："我两个孩子小的时候，

我从来没有请过一个工人，煮饭什么事都是我亲自做，我觉得这个很重要，孩子要感觉到妈妈是照顾他们的。"在林郑月娥的眼里，陪伴孩子比其他都重要，她不会让她的孩子在最渴望爱的时候，却发现没有陪伴。所以她的育儿观就是八个字：陪伴是最好的教育。

第 **5** 章

更好的性格，绝非顺从父母

1. 你还在认为听话就是好孩子吗

"听话"和"乖"是家长对孩子的最高赞誉。在很多孩子的成长过程中，家长会有意无意地用"乖"来衡量一个孩子的好坏。在学校"孩子平时听话吗？"是家长最关心的问题之一。

在家里，父母也总会对孩子说"你要听话，听话就会怎样怎样，不听话就会……"家长们见面，聊起孩子，也会互相夸奖"你家孩子真乖"，等等。

孩子心里知道：自己表现得"乖"，大人就会高兴；自己听大人的话、察看大人的脸色行事，大人就会喜欢自己，表扬自己。而自己如果淘气、叛逆、反抗，则会受到大人的批评和处罚。因此为了多受表扬，少受处罚，孩子渐渐学会了将自己真正的感受压抑到一边，努力做出那个"乖"的模样让自己讨人喜欢。

但很多心理学家指出，小时候表现越"乖"、越"懂事"的孩子，长大之后可能心理问题越多。而小时候表现越叛逆、越自由的孩子，长大之后往往心智越成熟。教育专家也提出，家长不能为了培养听话的孩子而扼杀了孩子的天性。

长此以往，孩子有问题提不出来，也不敢与长辈争辩，孩子的性格会被扭曲，心理也不健全。他从一个不提问的"乖"学生成为一个唯唯诺诺的"乖"员工、感情上什么事情都听妈妈的"妈宝"、生活上不能完全自主的"好人"。

杨振宁教授在回答乖孩子好不好时很有意思，他说："淘气、好玩的孩子好不好？我的回答很简单，我觉得很好。也许淘气的孩子会做一些打破一件东西的事，但从长远看没有特别的重要性。我想一个家长有一个淘气，好玩的孩子的话，是幸福而不是一个问题。"

他还说："乖乖听话这个观念在美国社会不被认为是一种好的表现。由于这个缘故，于是在美国出现了一个现象，这个现象有好有坏。我认识许多非常成功的人，他们不是好孩子，但他们后来有大成。而正因为他们不是好孩子，他们的胆子比较大，他们念中学、念大学，念了两年不念了。这在中国是绝对不能允许的，可是这些人在美国比较被容忍。这确实产生了一些非常成功的人，比如比尔·盖茨。"

根据调查，在社会能够有所作为的人士，他们小时候几乎都不是听话的乖孩子，有的还非常调皮淘气。而这些不听话的孩子往往有自己的主见，大脑思维活跃，对任何人或事情不随便屈从，自信心强，有独立处事能力，在恶作剧中学到各种知识。

"童话大王"郑渊洁小时候就不是一个"乖孩子"。有一天在上语文课时，老师给同学们出了一个命题作文，叫《早起的鸟有虫子吃》。郑渊洁毫不犹豫地将题目改成了《早起的虫子被鸟吃》。

文中大概阐述的意思就是，你首先要弄清楚你是鸟还是虫子。你要是鸟，你就早起，丰衣足食。如果你是虫子，你早起就会有杀身之祸，不如睡懒觉。结果老师不愿意了，就开始和郑渊洁辩论，但是老师辩论不过郑渊洁，然后就让他说一百遍"我是我们班最没出息的人！"郑渊洁说了七八十遍，就忍无可忍了，引爆了身上的拉炮，然后在一片硝烟中被赶出了教室。

为了向父亲解释这件事，郑渊洁别具一格地写了一篇检查。检查中有着丰富的人物、情节、铺垫和各种悬念。看到这篇声形并茂的检查后，父亲马上谅解了他，还专程带着郑渊洁去学校给老师道歉。虽然最终的结果还是郑渊洁离开学校，但是父子二人并不沮丧，郑渊洁的父亲郑洪升决定在家里教他读书。长大后的郑渊洁十分感谢父亲，他觉得自己能够取得如今的成就和父亲的教育有很大的关系。

很多父母都希望孩子遵照他们的意愿走一条可以复制粘贴的道路，过着父母认同的理想生活。然而在当今时代，信息和技术不断更新，那些听父辈指路的"乖"孩子，待别人都功成名就的时候，却发现自己在而立之年需要重新改变职业方向，再一次痛苦地适应社会。

作为父母，我们能给孩子更好的是顺应他的天性，而不是让其听从父母。我们不要再对自己的孩子说"宝宝，听话，不听话，爸爸妈妈不喜欢你"，试着让孩子那颗被弯曲、被压抑的心灵回归自然吧！

教育家陶行知在传统思想禁锢国人时，敢于突破传统观念的束缚，劝解父母放开孩子的手脚，不再让孩子唯命是从，让他活出自己天真活泼的生活。因而他提出"六大主张"：

（1）解放儿童的头脑，使其从道德、偏见、幻想中解放出来。

（2）解放儿童的双手，使其从"这也不许动，那也不许动"的束缚中解放出来。

（3）解放儿童的嘴巴，使其有提问的自由，从"不许多说话"中解放出来。

（4）解放儿童的空间，使其接触大自然、大社会，从鸟笼似的学校中解放出来。

（5）解放儿童的时间，不过紧安排，从过分的考试制度下解放出来。

（6）给予民主生活和自觉纪律，因材施教。

因此，我们该从自己做起，努力实践陶行知的主张，不能再把"听话"

作为评价好孩子的标准了。因为新世纪人才的要求最鲜明的两个大字是"创造",而带着锁链是难以创新的,把孩子从"听话教育"中解放出来吧!

2. 越是调皮的孩子越聪明!这是真的吗

调皮的孩子常常遭到很多家长的抱怨:"他跑来跑去,一刻也不得安宁;他调皮任性,整天和你对着干;他胆大妄为,随时都会淘出个新花样,让人非常不省心……"

但是我们也听很多"过来人"说:"越是调皮的孩子越聪明!"所以怀着这种矛盾的心情,我们接受了这种恭维。

早教专家林怡说:"孩子调皮分为很多种。如,天性好动,好奇,喜欢探索;为了吸引关注,故意做一些令家长头痛的事;精力充沛,需要做更多喜好的事来释放能量……无论哪种情形,调皮跟聪明确实有一定的关联度。因此从某种意义上来说,调皮的孩子聪明有出息是有道理的。"

人际关系学大师卡耐基小时候就非常调皮,他的父亲向卡耐基的继母介绍卡耐基时,特别提醒她,卡耐基是他们那个郡里最捣蛋、最坏的男孩,要随时防范他向你扔石子。但是由于继母的那句"他不是全郡最捣蛋、最坏的男孩,而是最聪明,却无处释放激情的男孩"激发了卡耐基的创造力和想象力,成就了他此后的伟大事业。

调皮的孩子往往不容易管束。他不愿在大人设计的模板下生活,而喜欢自己独创的小天地,在那里面自由想象和闯荡,这也就免不了做出一些在大人看来出格的事。可是这时我们继续抱有"聪明的孩子天生调皮"之类的思想,对他疏于管教、任其发展,这对孩子来说其实是一种放纵和伤害。

美国心理学家曾经选取数百名8岁以下的调皮儿童进行研究,对他们进行了长达 20 多年的跟踪报道，结果证明，这些年满 30 岁的青年依然像小时候一样，调皮的秉性没有改变。他们比同龄人更容易在法律上越轨。同时心理学家对他们的智力进行了测验，结果显示：在他们 8 岁时，智商与同龄儿童不相上下，而到了 30 岁时，智商却普遍低于同龄人。其中有很大一部分原因是他们的调皮秉性导致的。

因此，调皮和聪明存有一种不确定的关联性。此外，孩子聪不聪明，有天赋的成分，也有后天培育的成分，两者缺一不可。若后天的教养跟不上，甚至我们因不懂孩子而扼杀了孩子的天性，孩子被耽误了，他的聪明也就被埋没甚至扼杀了。

更何况，没有智力问题的孩子都是聪明的孩子，所以我们没有必要被某些标准所左右。无论孩子聪明与否，相信自己的孩子聪明，接纳他，认可他，给他支持，是帮助他变得更聪明的最好方式。

一位有多年教学经验的老师琳达·斯特姆说："对那些调皮的孩子来说，最需要的其实是父母的关注与正确的引导。"

比如当我们看见孩子把新买的机器人给拆了，我们不要大动肝火，而是蹲下来参与到孩子的活动中，"机器人里面是什么呢，怎么会动呢？"帮助他一起寻找答案，然后再跟孩子一起把拆开的玩具恢复原样。这样才能让孩子在"破坏"——探究——重建中促进思维的发展。

另外，我们还可以从以下几个方面对孩子进行引导，使我们的孩子变得越来越聪明。

让孩子在想象中发挥创造力

孩子小时候喜欢乱涂乱画，或爱无中生有，将向往的事栩栩如生地描绘出来，这其实是想象与创力的萌芽。身为家长的我们要容许孩子天马行空地想一想，和他交流，分享他的内心世界，也是很奇妙好玩的事。对于爱涂鸦的孩子，一定不要阻止，不要对孩子的涂鸦做不必要的批评，"这哪里是狗？""大笨象哪有紫色的？"……要训练孩子创作，就请他把自己心目中的树、屋、花、草画出来，不必规定花就是如实物般的样子。

让孩子充分思考

我们要培养孩子的思考能力，就要让他多思考。能独立思考，进而能自己处理事情，判断是非。因此，我们不要抱怨孩子犯错误，因为孩子可以在错误中思考及学习，锻炼和提高思考能力。

让孩子从错误中成长

我们不要介意自己的孩子常常犯错误，让自己生气，也不要埋怨孩子调皮，浪费自己的时间。其实，孩子多碰钉子，多尝试，也就有了更多的学习机会。正是经一事长一智，但条件是家长必须做出辅导，让孩子在碰钉子后得到启发，这个钉子就碰得有价值了。而且，由错误到正确，是一个很宝贵的过程。

如果我们每个家长都能正确地对待孩子的调皮行为，并对此进行科学地指导，那么，在孩子成长的道路上，在调皮之中激活和培养孩子的智慧，可能是孩子成才之路上的第一桶金。

3. 妈妈太强势，会毁了孩子一生

这里我们所说的强势，更多指的是性格上而不是事业上。很多女强人在工作中是"铁娘子"，回家就变"小娘子"，反倒婚姻很幸福。相反，有些女人事业未必做得很大，但脾气很大，特别喜欢在家里独断专行。

强势妈妈指的是喜欢用自己的意志控制家庭和孩子的女人，她们常常自以为是，喜欢颐指气使、指手画脚，甚至吹毛求疵。她们习惯把自己的价值观依附在子女身上，喜欢将自己的意志无形地强加给孩子，对孩子的行为横加干涉，严格控制。孩子在这种种约束中个性被抹杀，会变得自卑，甚至没主见。

王一博今年22岁了，但是他的心智成熟度和任性程度就像一个10多岁的孩子。读大学时，王一博的专业是妈妈替他选择的，但是他总觉得这个专业自己不喜欢，读得也不称心，后来就调换了专业。可他还是觉得没有达到自己的目标，一直处在对妈妈和环境的埋怨中。好不容易大学毕业，妈妈在老家给他找了一个不错的工作，但他在工作中又处理不好人际关系，最后辞职回家，就再也不出去工作了。

王一博的父母都是事业上很成功的人，尤其是她的妈妈，在家非常强势，是个女强人，从小对王一博独断专行，儿子的衣食住行、读书工作，无一不是由妈妈教导、指挥、安排。其结果就是王一博失去了独立解决问题和面对生活的能力，一旦遇到麻烦，就变成"儿童"退缩到家中，把所有的烦恼统统抛给了妈妈。

如果一个妈妈将孩子的思考模式和行为方式都强行植入自己的价值体系，孩子和妈妈的关系可能就是畸形的。妈妈掌控着孩子的童年，孩子成年后遇到麻烦就想把解决麻烦的责任甩给妈妈。长不大的孩子，就是这样养成的，这就是妈妈强势的后果。

更重要的是，性格强势的母亲总是喜欢嘲笑、奚落、否定甚至贬低丈夫。当她们这样做的时候，孩子父亲的角色就逐渐被边缘化了。在健康的家庭中，父亲和母亲都有自己的角色，过于强势的母亲背后必然会有一个相对弱势的父亲，这样的家庭里的孩子不管是女儿还是儿子都可能会出现问题。

奥地利心理学家阿德勒说过："假如母亲较富于权威性，整天对着家里其他的人唠叨，女孩可能模仿她，变得刻薄好挑剔；男孩则始终站在防御的地位，怕受批评，尽量寻找机会表现他们的恭顺。"

从心理发展的观点来看，男孩的成长需要有一个认同的男性对象，这个对象常常就是自己的父亲。但在有强势的母亲的家庭里，母亲在孩子的成长过程中注入了过多的关爱，孩子意识到生活中只有自己和母亲，父亲在家庭中的地位基本上是缺失的，可有可无的。这将导致男孩无法在父亲身上获得身份认同，就可能会发生性身份障碍，比如同性恋、异性癖等问题，不是没有父亲的缘故，而是家庭里父、母、子三角关系中的女性行为作用太强，即母亲颐指气使，父亲言听计从，形成母亲决定一切的局面。

如果是女孩，在自己的成长过程中，总是看到母亲对父亲存在过多的愤怒和不满，从孩子总会向同性父母一方形成认同，女儿会向强悍的母亲认同，长大后，也会在不知不觉地把这种情绪转移到自己最亲密的关系中，莫名其妙地对自己的男友或老公生气、发脾气。

母爱，本应是用温情和智慧滋养孩子的心灵，带他走出童年的朦胧和少年的混沌状态，逐步迈向成年的理智和清醒。但很多人一生都没有经历这种跨越，不知有多少人甚至到了耄耋之年，还一直没有摆脱母亲的影响，其一生也从未获得真正的自我，这真是母爱的悲哀，也是孩子的悲哀。

强势妈妈对孩子带来的诸多影响不容小觑，那么强势妈妈该如何扭转局面？

首先，要自我诊断：

（1）在家庭中，是不是总是自己说了算？

（2）是否对孩子的行踪和行为了如指掌，严密监视过孩子？

（3）是否要孩子在一切行动前向你汇报？

（4）是不是总是盲目指点，横加干涉孩子的公、私生活？

当我们发现自己在家庭中处于太强势的地位的时候，就要学着适度放权给孩子的父亲，让孩子在自己的心目中对父亲有良好的认知和正确的印象，"实际上，一个聪明的母亲，总是会给父亲机会，让孩子随时感到父亲的存在，而自己尊重孩子的父亲，则是最好的体现父权的方法"。而作为父亲，也要积极参与到家庭事务中来，做父亲的不能逃避责任，要争取多参与家庭事务的决策，比如积极安排孩子的周末计划、生活要求等。

4．做错事，你能拉下脸给孩子道歉吗

前一阵在知乎上，有一个故事受到大家的广泛关注。

大概讲述的是一个叫高旻的男孩在上小学三年级的时候，不小心把家里的一串钥匙给弄丢了。高旻的爸爸知道后大发雷霆，把他痛骂一顿，并讲了一大堆道理，还让他在漆黑一片的楼道里罚站。

戏剧性的是，后来高旻的爸爸也把钥匙弄丢了。他随口对高旻说："奇怪，钥匙怎么找不到了，儿子，你明天去换个锁。"

一件事情，孩子无意中做错了就要受到父母的责罚，而父母做错了却觉得没什么，也从来没有自责感，更别提为之前的错事向孩子道歉了。

在孩子面前，我们总是认为自己一般都能做对，即使做错事了也不需要道歉，比如许多青春期叛逆的孩子不满"凭什么我做错了他要我道歉，他做错了却不道歉"。而大多数父母会理直气壮地回答："就凭我是你爸""就凭我是你妈。"所以网上有这样一个小段子：父母就是讲得过你的时候和你"讲道理"，讲不过你的时候和你"讲伦理"。

甚至有父母不仅不认错，还会推卸责任，比如他失手打破了一个玻璃杯，孩子不小心踩到地上的玻璃渣子哇哇直哭，他却埋怨孩子走路不长眼睛。

父母死撑着不肯道歉，说到底，多半是碍于面子，拉不下这个脸。当你维护了自己的面子，一定不曾想到这给孩子带来的伤害有多大。我们以为事情过去就过去了，孩子容易忘事，很快就会忘记。但孩子对父母的过错通常记得很牢，不可能很快就忘了、算了。尤其是在自己错了就得道歉、受罚，

父母却每次都例外的情况下，孩子的内心会堆积起对父母越来越深的不信任和抱怨，并会因此一直感受到委屈和不公平。

就像《爸爸去哪儿》节目的主题曲唱的那样："这是第一次当你的老爸，我们的心情都有点复杂。"虽然我们已经成年，但我们也是初为人父母，怎么可能保证自己在教育的路上从不犯错？如果犯错无法避免，不如把道歉变成一种教育孩子的方式。

艾比和丈夫领养了两个女儿和一个儿子，领养他们的时候，两个女儿分别是6岁和7岁，儿子5岁。对于孩子们而言，来到一个新的陌生的环境，内心是焦虑和害怕的。而对初为人母的艾比来说，尤其是养育三个年龄如此相近的孩子，更是一个巨大的挑战。

艾比有时会不知所措，更多的时候，她感到崩溃，比如当他们三个同时争抢一个玩具，或不约而同争抢最后一块蛋糕时，她就会忍不住冲着他们尖叫，同时，又在内心祈祷邻居们不会听见。

每次发完火，艾比就后悔自己当时的言行。于是她会深呼吸，重新整理自己的情绪，并为自己的行为向孩子们道歉。

艾比说："毫无疑问，不对孩子发脾气当然最好，但如果没控制住自己，事后真诚地向他们道歉，也会让他们觉得我真的在乎他们的感受。同时，这也提醒我自己，守护我们之间的关系比维护自己的面子更重要。"

卡耐基曾说："如果你是对的，就要试着温和地、有技巧地让对方同意你；如果你错了，就要迅速而热诚地承认。这要比为自己争辩有效和有趣得多。"必要的时候，我们要勇于对孩子说一声"对不起"，这并不会有损父母的权威，被孩子看轻。因为有心理学的研究指出，在一个家庭内，家长威信的树立，并非是他们一贯正确，而是实事求是、严于律己，进而取信于孩子的结果。

那么，当家长犯了错误或者误解、冤枉了孩子时，在孩子面前承认错误，或寻找机会向孩子道歉，实际上不仅不会有损家长的威信和尊严，反而会在孩子眼中树立起一个对自己的言行负责、知错能改的形象。当孩子由衷地感到父母是言行一致的人时，才会产生对父母的敬佩之心，父母的教育也才会真正起到应有的作用。

何况，父母也是孩子的最佳模仿对象。科学研究表明：孩子最早的学习是从模仿开始的。他从很小的时候开始，就会将看到、听到、感觉到的东西"融化"在正在发育的大脑里，并在以后的生活中不知不觉地加以模仿，不仅限于行为举止，而且包括思维方式、情感取向，以及个人性格等。如果父母不逃避错误，愿意为自己的过失负责，那么孩子在以后的生活中也会学到这种好的品质。

另外，道歉也能缓解自己在养育孩子过程中遭遇的压力。就像一个妈妈说的那样，"做妈妈要比我想象中的难得多，我从来没想过自己会犯那么多错误。当我没有达到自己对养育孩子的标准时，就会不自觉地沉浸于羞耻与自我怀疑中不能自拔。然而，道歉能让我将重心放在孩子的身上，而不只关注自己的感受。"

当然，道歉也不只是一句"对不起"那么简单，向孩子道歉也讲究方式方法，否则会适得其反。

（1）父母要为自己的行为道歉，而不是人格。记得要对事不对人，不能为了得到孩子的原谅而过分贬低自己。

（2）对于年纪很小的孩子，说大道理未必听得懂。这时父母可通过手势、表情、行动等表达让孩子知道自己做错了，在向他道歉。

（3）道歉时要顾及孩子的自尊。很多家长在道歉后喜欢加一句"其实都是你不好……"，父母可能是想教育孩子，但这时候说这样的话其实是再次伤害孩子稚嫩的自尊心。

作为父母，在教育孩子的时候都会有情绪低落、暴躁冲动等各种原因伤害孩子的情况，别再用另一个错误掩盖上一个过失，欲盖弥彰的行为不是父母应该做的，及时弥补过失，勇于道歉，承认错误才是树立父母威信，保持在孩子心中形象的最佳秘诀！

5. 有些事情，让孩子自己做主

在一些育儿论坛上，很多妈妈都诉说自己的孩子才3岁就开始不听话了，什么事都和自己拧着来。还有一些妈妈发现，这个年龄段的孩子在很多小事上都想坚持自己的想法，比如自己穿鞋，不要大人帮；自己吃饭，不要大人喂；自己走路，不要大人抱；自己玩的时候，不要大人打扰；自己的东西，保护得严严实实等。

言语表达能力好的孩子会对父母说"我自己穿鞋""我自己吃饭""我自己走""这是我的"等，而表达能力欠佳的孩子会说"不要""自己做"来表达自己的主张和想法。等到孩子大一些的时候，他会拒绝去父母为自己报的兴趣班，而希望父母能尊重自己的意见，报一个自己喜欢的兴趣班。

但是很多父母对孩子一向都抱着不太信任和不放心的想法，因而也就很少放心大胆地让孩子在某些事上自己拿主意或者做决定。所以孩子的大多数事情都被父母一手包办了，并且父母还以为这是对孩子好。其实，很多事情，父母是可以让孩子自己拿主意，自己做决定的，而且这样做更有利于增强孩子的自我意识，养成独立自主的好习惯。

布朗夫妇有一个2岁的儿子。在儿子不到1岁的时候，布朗说除了需要用勺子喂的食品会帮助儿子吃外，喝奶和各种可以抓的婴儿食品，儿子都是"自力更生"吃。至于吃多吃少，布朗表示不太在乎："他知道他自己的需求。"

现在布朗2岁的儿子上厕所都由他自己处理，尽管大人事后要检查，但布朗还是十分注意让他自己去做该做的一切。

有时候，我们对孩子的信任感不是太多，而是太少。我们常常觉得他太小，无法准确地表达出自己的需求，我们得为他安顿好一切。但是，他可以表现出喜好和意愿的年龄，也许比我们想象的要早得多。

两三岁的孩子已经具备了初步的思维能力，具有了独立自主的意识。他开始对自己的事情有主见，喜欢做自己的事情，甚至帮大人的忙。这时，适当的事情让孩子自己做决定，不仅能培养他的独立性和思维能力，还有助于增强他的自信心、自尊心和责任感。

因此，家长应在不危害健康和安全的前提下，尽量让孩子自己完成个人领域内的事情，让他有自己的选择。当我们与孩子的观点有矛盾时，应该认真倾听孩子的想法，切忌动用武力，以免伤害孩子的自尊。当然，我们也要让孩子学会控制自己不合理的欲望或想法，及时调整自己的心理状态，提高自己的社会适应能力。

瑞士儿童心理学家皮亚杰曾说："成人与孩子最本质的区别，就是孩子的思维与成人的思维存在本质的不同。孩子有自己的思维习惯、方式、逻辑，当成人以自己的思维方法做出结论，而以自己的标准来训斥孩子，这是不尊重孩子，扼杀孩子天性的愚蠢做法。"

只有被人尊重，孩子才可能获得自尊，并可能学会尊重别人，而自尊和尊重他人是成为一个具有健康人格的人的首要条件。由于孩子还不成熟，自尊意识往往处于萌芽状态，特别容易受到伤害，一旦孩子的自尊受到伤害，他便会用诸多的"不听话"来进行对抗。

所以，我们应当具有保护孩子的权利意识，给孩子足够的尊重，并且指导孩子"这是你的权利""你可以决定这件事情"等。久而久之，孩子的权利意识就会从无到有，从弱到强，才会知道捍卫自己的权利，表达出自己的想法。

另外，在让孩子自己做选择的时候，有以下几条建议提供给大家。

在提供选择时最好只有两个答案

如果我们想让孩子学会自己选择的话，最好在给孩子答案时只提供两个，要么就"YES"，要么就"NO"，比如早上让孩子自己选择穿什么衣服，我们不是打开衣柜的门让孩子看着所有的衣服进行选择，而是将准备好的两套衣服放在孩子面前，问孩子要穿哪一套。这样有助于孩子快速地下决定。

孩子在选择时不能存在安全隐患

在让孩子自主选择时，父母一定要想到孩子的安全，如果让孩子自己做主时存在安全隐患，就要避免这样的情况发生，比如父母带着孩子去郊游，前面有两条路，一条是有人走过的熟悉的大路，一条是不知道状况的小路，如果此时父母让孩子选择的话，孩子选择不明状况的小路可能存在安全隐患和风险，所以，遇到此类情况，父母不要让孩子自己选择，而是权威地决定走大路。

不要给孩子太多压力

一些"开明"的父母在假期为孩子报兴趣班时，会征求孩子的意见，让孩子选择自己喜欢的兴趣班。但是在孩子做出选择之前，父母却大说特说，英语学了怎么好，数学学了怎么有用，无形之中会给孩子造成很大压力，就算孩子想报画画或其他课程，他在心理压力之下也不会报。

不要随意否定，不要出尔反尔

孩子在自己做主、自我选择的时候，是需要鼓足勇气的。但父母随便就否定的话，既打击孩子的自信心，又让孩子觉得父母不是真的要他选择，只是做做样子。下次面临选择时，孩子也就没有什么积极性了，而抱着无所谓的态度。既然父母给了孩子自我选择的权力，一旦孩子做出选择，就要尊重孩子,这样才能树立良好的父母形象,父母说话算话,孩子也会跟着说话算话。

我们尊重孩子对自我世界的决定，那么，他会因此发展出自我约束能力，从而会有一种成就感、自我价值感和责任感，这对孩子的一生来说都是很重要的。对每个人来说，只有自己才能真切地决定自己的一生如何度过。所以，不要尝试去干涉孩子对自我世界的决定！

6. 学会接纳孩子的负面情绪

在新浪的育儿网上，一个女儿叫慕灵的妈妈发了个这样的帖子：

我的女儿太娇气了，她朝别人要东西，如果别人不给，她就伤心地哭；还有拼图，要是没拼出来，她也会伤心，其实又没什么大不了的。

她这样下去是不是太脆弱了？以后经不起一点挫折怎么办？看到别人家的孩子都那么坚强，我真觉得自己对她的教育有问题，感觉自己很失败。

这条帖子的下面紧跟着的是另一位妈妈的回复：

慕灵的妈妈，当你使用"失败"这样的词语时，就证明发帖的此刻你自己的情绪就不好。你觉得自己的教育目标是让孩子坚强，但是，慕灵并没有达到这样的目标，于是，你感觉很沮丧，很受挫，很失败。

那么，为什么慕灵没有这样的权利？当她的目标没有实现的时候，她为什么不能伤心？为什么不能沮丧？为什么不能哭？

是啊，孩子是一个"人"，是人，就会有各种各样的情绪，既有喜悦、快乐、幸福、自信、轻松等正面的情绪，同时也包括焦虑、紧张、愤怒、沮丧、悲伤、痛苦等负面的情绪。

作为父母，我们面对孩子的哭闹、发脾气、任性、急躁等，常常会感觉到很烦，甚至脾气不好的父母会直接在孩子面前爆发。但是，我们静下心来仔细想一想，难道我们大人就没有这样的负面情绪吗？我们遇到困难时，也会害怕；目标没有实现时，也会悲伤难过。我们要求孩子做到的事情，我们自己做到了吗？

既然我们自己没有做到，为什么就不能多包容一下孩子的哭闹、大喊大叫呢？孩子哭的时候给他一个拥抱，说"我知道你很难过，你想出去玩，但是现在到睡觉的时间了"，明确表达出"你想哭就哭吧，妈妈陪着你"，鼓励他表达情绪。这样做，孩子可以清晰地知道情绪来自哪里，才不会无休止地大哭大闹。

及时的情绪表达，让孩子面对问题或困难时不再只是焦虑或沮丧。父母陪伴孩子总结失败的教训，协助孩子真正解决问题，而不是简单地把孩子的失败标签为"蠢、笨"。孩子内心才会感到安全，也就有勇气去探索错误的缘由。

在一次家庭聚会中，大家在史密斯夫妇家的后院阳台上喝酒聊天，屋里传来孩子的大哭声。原来是史密斯夫妇的小儿子约翰哭了，史密斯太太赶紧进屋哄他。

哭声随着妈妈的爱抚没有减轻，反而更大了，史密斯先生放下手里的东西也进屋去查看，只见约翰躺在地上闭着眼睛大哭，史密斯太太轻抚着他的后背慢声细语地说："宝宝，你很难过是不是？你想要什么呢？"约翰不仅不搭腔，史密斯太太每问一句，他的哭声就升高一级。

史密斯太太无奈地站起来对史密斯先生说："换你来吧。"史密斯先生弯腰想把约翰抱起来，可他拼命挣扎不让抱，梗着脖子扯着嗓子嚎。史密斯先生拍他的后背哄他，还是毫无效果。史密斯太太见此情景就对史密斯先生说："让他自己待一会儿吧。"

史密斯太太又蹲下来抚摸着孩子的胳膊说："约翰，妈妈知道你感到很烦躁，你想哭就哭吧，我们都不打扰你了，如果你想找爸爸妈妈，我们就在阳台上。"说完她站起来，和史密斯先生回到后院继续聚会。不久，约翰就从屋子里出来和大家一起玩了。

大多数父母在孩子哭的时候首先会想办法哄孩子，不让他哭下去。但心理学家研究指出，孩子哭闹自有他的道理，心情不好了，肚子不舒服了、饿了、渴了等都可能是原因。哭闹是孩子表达情感的一种方式，也是孩子愈合感情创伤的必要过程。等他哭够了，他自会平静下来。

强行制止孩子的哭泣会让孩子情绪低落，打不起精神，对什么都不满意，因为他的负面情绪和受到的创伤没有机会发泄和愈合。还有一种情况是孩子因为要求没有得到满足而哭闹，大人给他哭闹的自由会让他慢慢地明白，哭闹不能解决这些问题，要让别人明白自己想要什么才行，这是他逐渐成长的过程。大人允许他哭闹是给他留下自我反思的空间和机会。

除了哭泣、悲伤，有些父母还不允许孩子害怕。如果孩子说怕恐龙，有的妈妈就会说，那有什么好怕的，都灭绝了；如果孩子怕黑，她也会说，妈妈都不怕，你也不用怕。实际上情绪没有好坏之分，害怕、恐惧也都是人的正常的情感反应，孩子既然有了这样的感受，我们应该首先表达出接受，之后再引导他去面对，不能以自己的标准去衡量孩子，拒绝和否定孩子的情绪。

否定孩子的情绪给孩子的暗示是：妈妈不喜欢我害怕，害怕是不好的行为，我不应该害怕，否则妈妈就不爱我了。为了取悦父母，孩子再哭泣或害怕时会压抑自己，犯了错会撒谎，遭受欺负会隐瞒不报。如果孩子习惯了在父母面前掩饰自己，戴上假面具，那么时间久了，孩子的心理就会逐渐扭曲。

作为父母，我们不仅要学会以一种坦然轻松的态度接纳孩子的情绪，同时还要帮助孩子合理地宣泄、释放自己的情绪。

为孩子找一个专门的发泄工具，比如枕头。

绘画，涂鸦，让孩子把心中的不满都画出来。

唱歌，不要在乎词或调，让孩子尽情地吼。

带孩子去旅行，可以开阔视野，陶冶情操。

在家里给孩子布置一面"心情墙"，每天把自己的情绪写出来。

运动，一场大汗淋漓的运动后，可以释放孩子体内的负能量。

孩子对自己情绪的认识和掌控是一个漫长的过程，每一次的情绪体验都是他成长的机会。孩子的情绪属于他自己的管理范畴，大人不应该为此负责，不要因为孩子不高兴就觉得自己很失败。我们能做的，就是完全接纳孩子的情绪。然后在接纳他的情绪的前提下，教他正确地沟通，学着用语言把情绪表达出来，孩子就不会因为无助和受到挫折而大哭大闹不止，逐渐就会做到遇到事情不惊慌失措，不发脾气，会尝试讲道理，并寻求帮助，会变得通情达理，从容不迫。

7. 在爱和规则里，让孩子成为他自己

一些父母认为，孩子要面临的压力已经很大了，趁着现在还小，放纵孩子也不会对他造成什么影响。另一些父母则认为，没有规矩，不成方圆。现在不在生活细节上管教孩子，以后怎么让孩子在社会上立足？

这两种观点听起来都有道理，但是这非此即彼的选择，必然会给孩子的成长造成负面影响。过度爱孩子的家庭容易造成孩子没规则、不懂礼貌、不懂尊重他人；而过度立规则则会使孩子的天性受到压抑和扼杀，造成孩子胆小谨慎、循规蹈矩的性格。

其实，作为家长，我们应该认识到爱和规则本来就是统一的。真正的规则是体现爱的规则。在给孩子订立规则之前，倾听一下孩子的想法。最好是跟孩子进行一次充分的讨论，而不是把孩子当作自己的私有财产进行控制。

比如孩子吃饭东挑西拣，用手抓着吃，又或者孩子总是剩下半碗饭。我们完全可以耐心地询问孩子是什么原因。是因为食物不可口？不习惯用筷子？还是真的因为吃不下了？

倾听、了解孩子真实的想法，再给孩子制定规则。什么时间开始吃饭、吃饭的时候可以做什么不可以做什么。如果在调整之后孩子吃饭没规则，再约定相应的惩罚措施，以帮助孩子养成良好的饮食习惯。

然而生活中的很多父母却不那么耐心，他们总是有意无意地对孩子说出类似的话语，"你再这么不听话，妈妈就不喜欢你了！""你再这么调皮捣蛋，妈妈就把你送人了！"也许我们的初衷是好的，希望孩子听话，不调皮捣蛋、好好学习。但是，我们采取了错误的方式，用"妈妈的爱作为威胁工具和惩罚手段"。

可是这些话对孩子来讲，却像一把利剑，伤害了他的心。他变得没有自信，缺乏安全感，易出现逃避、嫉妒别人等问题。所以我们要让孩子知道，即便你没有达到爸爸妈妈的标准，我们依然爱你，这种爱是无条件的。

苏联教育家捷尔任斯基说过："谁爱孩子，孩子就爱他，只有爱孩子的人，才能教育好孩子。"同时他也说道："孩子最喜欢爱他的人，也只有爱才能培养他，当孩子看到并感觉到父母对自己的爱的时候，他会努力听话，不惹父母生气。"

所以，当你在爱中给他立规则，在爱中尊重他的选择，他就会明白的。每个孩子都会有无知和调皮的时候，某一阶段某些事情上的"没规则"，但这并不是天塌地陷般的灾难，也不一定会影响孩子的品质和人格。在孩子"不守规则"的时候，我们需要通过合理的方式，让孩子看到规则之美，心悦诚服地接受。

双眼通红的温妮拉着妈妈去了她的房间。妈妈顺着温妮的手指，看到了桌子上已经碎了一角的玻璃相框。温妮声音颤巍巍地说："这原本是一个很美的相框，可是现在……"随即她哭了起来。

温妮的妈妈一看，这不是今天早上刚刚新买的相框吗？当时温妮非常喜欢，妈妈就买给她了。现在看来肯定是被温妮给摔坏了。

于是温妮的妈妈蹲下身，轻轻地拥抱她，并且说："宝贝那么喜欢这个相框，现在碎了，你一定很难过，那就好好哭吧，哭了会好受点。"然后温妮的妈妈又以非常不经意的口吻问道："是不是宝贝拿在手里不小心掉地上，就摔坏了？"

温妮边哭边解释道，她拆相框的盒子的时候，盒子另一边是打开了的，她没发现，相框就直接滑下去掉地上了！

温妮的妈妈说道："它虽然摔坏了一角，但还是挺漂亮的。"然后又耐心地问道："下次出现类似情况，我们该怎么办呀？"

温妮告诉妈妈，她可以把它放在床上拆或者在书桌上拆，这样站着拿着，容易掉下来。

过了一会儿，温妮的爸爸又进去安慰她，并且告诉她可以用透明胶修复，尽可能还原玻璃相框。温妮的心情逐渐平复下来。

美国心理学家杜布森博士在《勇于管教》中有一段话谈到规则："如果

悬崖边上设有栏杆，那么人就敢靠着栏杆往下看，因为不会害怕摔下去；如果没有栏杆，大家在离悬崖很远的地方就停住了，更别说站在悬崖边缘往下看了。栏杆就是界限（规则），知道界限（规则）的孩子会有安全感，相反，没有界限的孩子没有安全感，因为他不知道安全的尺度在哪里。"

爱孩子，是我们的本能；给孩子立规则，让他成长为一个能够独当一面的大人，是我们的责任。规则与爱统一，才能成就孩子的未来。在规则教育中，家长的榜样作用和包容心远比强制力更能让孩子学到守规则。

那么，我们应该如何制定并执行规则呢?

全体成员共同制定并遵守规则

首先规则是全体成员共同制定并应遵守的，孩子也有权制定规则，规则需要全体人员的同意，否则就是控制不是规则，比如看电视的时间不可以超过 30 分钟，一旦这样规定了，家里的成员都要遵守这个规则。通常规则的执行是身教的结果，不可能指望着孩子一下子就接受所有的规则，只有全体成员严格遵守，孩子才可能学着去遵守，也只有这样，很多规则才能够内化到孩子的身体里。

规则需要简单、清晰、可执行

当我们告诉孩子家庭规则时，叙述要简洁清晰，对于年龄小的孩子，由于理解能力有限，语言本身并不重要，仅通过语言也难以产生预期的目的，我们的身教才是关键。

给孩子适应规则的时间

每个孩子面对规则的表现都不一样，也许一个好行为的真正实施，父母可能说上几十甚至上百遍才能兑现。我们应设身处地为孩子着想，给他适应的时间。当你希望孩子能够重视一个问题时，除了提出语言上的要求，还要配合你的表情和你的行动。我们要始终保持温和而坚定的态度。

父母的实际行动是最好的课堂

当我们想让孩子明白规则并遵守时，父母的实际行动是最好的课堂，请不要只是对着他的耳朵唠叨，或仅仅在事后采取惩罚，一定要亲自演示给孩子看。就拿孩子不能玩电源插座来说，如果你的态度是平静中夹带严肃，再加上异于寻常的微怒，大多数孩子能领悟到其中的危害，通常不会再去触犯。但如果你过于紧张，声调高扬而唠叨，孩子就会滋生出强烈的好奇和对抗，与你的规则展开令人头疼的周旋战。

我们终究无法陪伴孩子一生，终究有一天要目送他远去。如果说有什么是我们能为他做的，并且让他受益终身的事情，那就是给孩子我们全部的爱，并教会他做人做事的规则。

8. 你还在为孩子早入园而沾沾自喜吗

"我家孩子可聪明了，2岁就上幼儿园了。"

这是小培的妈妈和朋友聊天时经常会说的一句话。小培的妈妈以为孩子会读书识字，就是聪明。但是送孩子这么早就上幼儿园，真的好吗？

结果貌似并没有小培的妈妈想象中那么如意。小培自从上了幼儿园以后，感冒、咳嗽就没断过，而且变得不爱说话，胆子特别小，别人跟小培说话的时候，他只会胆怯地点头或摇头，特别惧怕和外人交流。

很多家长通常会因为工作很忙而把孩子送进幼儿园照顾，认为把孩子送进幼儿园既能学读书写字，也可以让家长专心扑到工作上。也有很多家长认为把低龄幼儿送到幼儿园是一件值得炫耀的事，别的父母给不了，但是自己能给，他们的心中还有些沾沾自喜，却不知道这可能并非是一件好事。

澳大利亚儿童教育专家、临床医学家比杜尔夫提出警告说，把年龄不足3岁的孩子交给幼儿园会增加损害他正常心理发育的危险。其中最重要的影响就是影响孩子安全感的形成。因为孩子过早上幼儿园，无法得到充足的照顾，会产生一种被遗弃的恐惧感。一个人一旦产生恐惧感，要么变得压抑自卑，要么变得具有攻击性。

经过研究，比杜尔夫发现，从小被放在幼儿园里的孩子更富有攻击性，易做出反社会行为。而且这些孩子在成年之后也更容易遭遇人际关系问题，不容易与人建立密切的关系。严重的还会影响孩子的智力发育。

罗马尼亚在这方面曾有过一个先例。第二次世界大战后，罗马尼亚陷入经济困顿、人口锐减的状态。政府鼓励生育，规定每个育龄妇女至少要生4个孩子，如果家庭无力承担这么多孩子的抚养责任，可以送孩子到政府出资的国家教养院，由工作人员进行集体抚养。

这个政策出台后，先后有6万多名婴儿一出生就被送进国家教养院进行批量抚养。这些孩子后来几乎都出现行为异常，大多数人智力低下，情感发育不良。他们不会和人交流，无法形成对视和对话，独自坐在角落，不停地前后摇晃或不断重复某种刻板行为，对陌生人没有恐惧感，也没有沟通能力。这种情况，被称之为"孤儿院现象"。

后来国家教养院中有一部分孩子被送到美国底特律儿童医院做大脑断层扫描，结果发现由于早期的情感发育不良，损害了孩子大脑的正常发育，其大脑结构异常，产生了无法逆转的病理性改变。除此之外，孩子的创造力也极有可能被扼杀。很多家长把孩子送到幼儿园里是为了开发智力，但过早入园，我们看到的可能是一个创造力和想象力被扼杀的孩子。

在幼儿园里，我们经常能看到这样的画面：孩子画画的时候，老师总在一旁指指点点，说你圆画得不圆，花朵的颜色不对，等等。3岁以前的孩子对外界的事物没有形成固有的思维定势，正是天马行空的时期，老师的干预容易让孩子思维僵化。当孩子从幼儿园出来以后，就变成幼儿园批量复制的模板。

因此为了孩子更好地成长和发展，我们应该做到以下几点：

等孩子 3 岁后再送幼儿园

很多父母都会发现，孩子刚上幼儿园的一段时间，特别容易生病。原因就是孩子的年龄太小，抵抗力和免疫力都比较低，尤其是 3 岁以下的孩子。幼儿园算是公众场合，孩子很多，容易形成交叉感染，只要班里有一个孩子生病，可能一个班的孩子都会受到影响。因而从孩子的健康考虑，还是等孩子 3 岁后再送幼儿园好一些。

再好的老师也不能代替妈妈

比杜尔夫曾反复强调，即使是最好的幼儿园、最负责的老师也不能代替妈妈，2 岁以下的孩子就该受到妈妈一对一的关爱，父母共同养育是最理想的方式。如果要想让孩子的大脑健康发育，就需要对其进行爱的刺激，妈妈与孩子的交互作用是最好的刺激，家庭与朋友的关爱对孩子发育来说是最安全的选择，而幼儿园中缺乏的就是这种影响，即使请保姆在家看孩子也不如妈妈亲自照顾好，更何况多数人没有足够的运气找到理想的保姆。

早一年上学不等于早一年成功

很多父母认为早点入园、入学是精英教育必经的过程，只有这样才能让孩子今后更能适应社会，具有良好的社交能力，会变得更加独立，让孩子赢在起跑线上。事实上早一年上学，到底有多大用？难道早一年就早成功？晚一年就落后了？在漫长的人生路上，孩子早一年或晚一年入园真的不是问题，只有合适才是最好的。特别是对 3 岁前入园的孩子，父母的这种怕输的心态只会给孩子造成更大的伤害。

我们不要受到一些利欲熏心的早教机构的影响，听它们把早教说得天花乱坠,它们的目的只是赚钱。而我们要了解的是孩子内心真正的渴望是什么,真的过得开心吗。其实很多家长明白这个道理,但还是拔苗助长,一意孤行,此时,我们就要仔细地考虑一下什么才是真正对孩子好的。

所以,孩子3岁以前最好不要往幼儿园里送,趁着孩子还小,还愿意整天黏着自己,多陪陪他吧。等到将来孩子上小学、中学住校,大学异地求学,毕业结婚生子的时候,想陪可能都没有机会了。

第 **6** 章

更好的人格，绝非盲目善良

1. 应不应该让孩子吃亏

　　几乎每个家长都担心过自己的孩子被别的孩子欺负，不可否认，被人欺负是无法避免的事情。当孩子吃亏时，是一定要以牙还牙，绝不让孩子吃亏，还是教孩子学会吃亏，并引导孩子化解负面的情绪？

　　在红星幼儿园，一个小男孩正试着从滑梯下面走上去，刚走到一半的时候，另一个小女孩突然从滑梯上面滑了下来。还没等家长反应过来，两个孩子就撞在一起，小女孩的身体压在了小男孩的身上。被压着的小男孩站起来后就大哭，他的妈妈气势汹汹地朝着小女孩就骂："怎么这么不小心呢，看到别人在往上面爬，你还要滑下来，不长眼睛啊？"大声的训斥吓得原本就胆小的小女孩哇哇大哭。

　　这时，原本一直不做声的女孩的爸爸说话了："小朋友之间的矛盾应该由他们自己解决，你没有理由，也没有资格训斥我的女儿！"然后把女儿揽在怀里安慰着："别怕，有爸爸在！阿姨训斥你是不讲理的。以后我们也要注意，滑滑梯的时候看看下面有没有其他小朋友。"这位爸爸耐心的安慰，让小女孩的哭声慢慢小了下来，也维护了小女孩在众人面前的自尊。

在现实生活中，许多父母都认为，孩子太老实就会吃亏，总是吃亏就无法适应激烈的社会环境，因此，在孩子上幼儿园前，许多父母都会教给孩子不吃亏的方法。有些父母甚至认为，宁愿自己孩子欺负别人，自己向对方道歉，也不愿意让自己的孩子吃亏，被人欺负。

但是让孩子以牙还牙并不会得到什么好处，如果遇到不讲理的人，我们能保证这一时之快不会把孩子置于危险之中吗？

儿童教育专家指出，如果在幼儿时期，孩子长时间处于"自己永远不能吃亏"的意识下，就会导致自我意识不断膨胀。这种极度以自我为中心的人，成年后很难和其他社会成员融洽相处，往往会因为一点琐事就采取暴力手段还击，以致出现严重的后果。可以说，如果家长在孩子幼年时期就培养以牙还牙的心理，这不仅不是对孩子的爱护，还会给孩子的将来埋下巨大的隐患。

教育专家孙云晓说，让孩子适当吃点"小亏"，有助于培养孩子健康的心理、形成良好的品格，对于孩子的健康成长是有利的。何为"大亏""小亏"？每个人的评价标准有所不同。其实只要是不危及孩子的人身安全、不涉及人格尊严，这种源于外界的行为或语言致使孩子遭受的挫折，都可以称为"小亏"。

每到晚上，方方的妈妈就对5岁的方方说："动作轻点，楼下的爷爷奶奶要睡觉了。"方方问："那为什么咱家天花板上总有'嘭嘭嘭'的声音？"方方的妈妈接着告诉她："楼上2岁的小弟弟长大需要运动，所以每天都要蹦蹦跳跳。"方方不满地噘起小嘴说道："那就咱们家吃亏？"方方的妈妈笑着告诉她："吃亏是福呀。能为别人着想的孩子，长大了才更有出息。"

教孩子学会吃亏，并不是叫孩子无原则地顺从别人，而是教孩子学会谦让，学会理解和宽容他人，学会以理待人。我们需要做的是，让孩子的心灵更强大，让孩子明白在不同的场合如何去应付那些欺负自己的人。

如果涉及孩子的人格尊严和人身安全，我们就应及时介入，避免孩子"吃亏"。当吃亏变成莫大的伤害时，我们一定要给脆弱的孩子一个坚强有力的支持，帮他走出阴影。

那么，当孩子吃亏时，我们应该怎么做？

接受孩子的退缩

并不是每个孩子吃亏后都会反击。孩子也会根据自己的判断来做出反应，比如他感觉自己会被"打败"，可能就会产生退缩行为。这个时候，我们千万不要将孩子推上前，而是试图培养他的勇敢，拥抱他，轻轻地抚摸他。要知道这是修复孩子安全感的最好方式。生硬地被推出去的孩子，只会变得更加胆怯，或者助长其攻击行为。

对孩子的哭表示理解

孩子哭的时候，我们应当表达的是理解，允许孩子宣泄情绪，而不是在孩子面前斥责别的孩子，或者是不停地当着孩子的面讨论刚才孩子的吃亏事件，以免我们的理解夸大了事实，反倒增加了孩子的恐惧情绪。

允许孩子再次尝试

孩子可能刚吃了亏没一会儿，就把这件事忘了。我们不要以为孩子"没心眼"而去阻止孩子的行为。要知道，这说明他的内心已经修复了刚才的委屈，同时，这也是孩子抗挫折能力的体现。

教孩子懂得分享

家长身体力行做榜样，让孩子懂得与周围人分享，比如在家能把好吃的分享给爷爷奶奶、爸爸妈妈，在外面能与小朋友分享玩具。千万不要以为分享是孩子在吃亏，一般来讲，能懂得分享的孩子，人缘都比较好，而与大多数人能做朋友的孩子一般不会受欺负。

从小建立孩子的信心

自卑的孩子容易唯唯诺诺，这使得他容易受别人的欺负，而一个自信的孩子，则表现出果断和干练，在与人交往时，也不容易吃亏。所以，爸爸妈妈要给孩子充分的爱与鼓励，让孩子从小建立信心。

培养孩子的运动能力

平时，我们要多给孩子运动的机会。运动技能强的孩子，不但身体灵活，而且容易获得小伙伴的佩服。所以一般来讲，运动技能强的孩子，在与人交往时，都不容易吃亏。

在孩子与别人交往的过程中，总会发生一些碰撞和摩擦，出现"吃亏"和"占便宜"的现象，但是在孩子的眼中，并没有所谓的"吃亏"和"占便宜"，即便有时发生争执，那也是无意识的行为。由于孩子年龄尚小，是非观念不强，打人的孩子很多时候都不是故意的；而被打的孩子往往也不会记仇，转眼间就忘了。因此，对于孩子"吃亏"和"占便宜"，我们要理性地对待，切勿操之过急，因小失大。

2. 别让孩子变成一个处处讨好别人的"好人"

在新浪的育儿网上，网友"萱萱"发了这样一条帖子：

女儿现在2岁，我发现她变得非常胆小，而且特别会讨好大人，一切看大人脸色行事。她遇到事伤心得哭的时候，爷爷一句"别哭"，她就能马上停止，哪怕眼泪在眼眶里打转；大人一旦不高兴，她就马上小心翼翼，说"囡囡听话，奶奶别生气"；别人高兴的时候，她马上陪着笑，别人不笑了，她顿时就止住笑。她的很多情绪都不是发自内心，我看着很难受。

　　如果你的孩子也像"萱萱"的女儿一样，过于乖巧懂事，知道看父母的眼色行事，那么你可要引起重视了，千万不要觉得这是什么值得高兴的事。

　　美国心理学家萨提亚将人的人格特点分为五类：讨好型、指责型、超理智型、打岔型和表里一致型。讨好型人的内心潜意识语言往往是这样的："为了获得爱和温暖，我需要投其所好，讨好别人。哪怕牺牲我自己，不能和别人发生冲突，要让别人喜欢我，这样我才能生存下去。"

　　通常孩子出现这种讨好行为是因为父母的教养问题。有时候，在日常生活中，妈妈为了让孩子做什么事情，或者不做什么事情，通常会说"你再这样妈妈就不喜欢你了""你再不这样妈妈就把你送到奶奶家去"。这对孩子来说是毁灭性的伤害。孩子为了生存，会不惜一切代价，不再关注自身的内心需求，而是关注周围人的脸色。

　　同时，有的妈妈情绪不稳定，动不动就发脾气，孩子会很紧张、很焦虑，以为是自己的错，妈妈才会这样。为了让妈妈不发脾气，自己变得异常乖巧懂事，去讨好妈妈。

　　久而久之，孩子会从害怕妈妈生气，到开始害怕周围的人生气。似乎只要是别人不悦，他都会习惯性地去思考：是不是我哪里做得不好？是不是我可以做得更好？或者是不如牺牲我自己，让大家都开心。

　　所以，作为父母，我们需要做的就是多给孩子一点安全感、自信心以及表达自己的勇气，好好地改变教育孩子的方式。平时，对孩子多一点鼓励，少一点打压；当孩子出现一些不当的行为，多多包容并耐心引导，而不是一味地斥责或者粗暴地制止；不要说恐吓孩子的话让孩子失去安全感，让孩子知道你对他的爱是无条件的。

　　心理学家武志红曾经在他的书中说过这样一个故事：

　　武志红老师的一个朋友的孩子在小学第一次竞选班长。当其他同学念完了那些看似精彩，实际上一听就知道是父母替他们写的竞选词后，武志红老师的那位朋友的孩子上讲台后就说了三句话："我叫×××，我希望大家支持我做班长，我会为大家提供最好的服务。"结果，他竟然高票当选。

但出乎意料的是，当了一年班长后，那个孩子觉得不太舒服，向老师主动请辞。老师感到十分惊讶，自己教了这么多年书，头一次遇上不和家长商量，直接来说不愿当班长的孩子。不仅如此，在其他事上，那个孩子也很有主见，老师们的奖罚手段对他基本无效。

他似乎有着自己的生命轨道，而不像其他孩子一样喜欢一个老师就喜欢一门课，讨厌一个老师就讨厌一门课。他也几乎从不刻意讨好任何人，对任何事情的爱与恨都是出于本心的兴趣。武志红老师这样评价他："孩子虽然年纪不大，但他已经成为'属于自己的人'了。"而他善于倾听自己内心的声音的习惯来自于懂得尊重与信任他的父母。

喜欢使用奖罚手段的父母都渴望通过控制，让孩子按照自己的意志去成长，让孩子成为他们最得意的"作品"，而孩子也在一步步的"讨好"中长成父母期待的模样。当他离开父母后，也自然会遵循童年的模式，继续以讨好的姿态去面对自己的上司、同事、朋友和家人。

这种扭曲的姿态，会令我们的孩子活成一个"缩头乌龟"，永远无法成为最好的自己，过上自己想要的生活。美国苹果公司联合创始人乔布斯在斯坦福大学演讲时曾说："不要让他人的观点所发出的噪音淹没你内心的声音。最为重要的是，要有遵从你的内心和直觉的勇气，只有它们才知道你想成为一个什么样的人。"所以身为父母的我们要注意以下几点：

不要总是给孩子讲道理

我们和孩子是亲人关系，需要的是感情的表达与表露。我们既不是上下级关系，也不是告知与被告知的关系。孩子需要的是同理心，而不是道理。

不要压抑孩子的真实想法

我们不要让孩子压抑自己的真实想法来讨好大人，我们开心了，孩子的心却在"滴血"。

给孩子足够的安全感

孩子在 0~3 岁时非常需要安全感，特别是来自妈妈的安全感。如果妈妈不能给予，奶奶或者外婆也可以替代，但这不是没有母性特征的爷爷或者外公可以给予的。

给孩子爱和陪伴

爱和陪伴能让孩子变得更强大、更自信，也能让孩子在人际交往中平等、自如地交流，而不是处处讨好别人。

儿童教育专家孙瑞雪说："作为父母，我们的职责是用爱给孩子提供一个安全的环境，但至于如何探索世界，那是孩子的自由。我们要用我们的尊重和信任告诉孩子：终其一生，你可以做你想做的事，你需讨好的只有自己。"

3. 让孩子在救人时懂得保护自己

2017 年的 2 月，在河南南阳的一个公园内，发生一起学生意外溺水身亡事件。14 岁的初中生赵林（化名）在救落水同学时，自己也滑入 3 米深水中。最终，两人不幸溺水身亡。

当孩子在别人遇到危险时，第一反应肯定是要奋不顾身地救人。我们作为家长，在培养孩子善良、乐于助人的品德时，更重要的是让他在救人的同时学会保护自己。这是我们能够给孩子更好的教育。

比如，当孩子遇到有人溺水时，我们教他先要以不下水的岸上救援为首选。我们要告诉孩子第一时间报警，然后及时呼喊其他人协同施救。同时，我们可以教导孩子先"递竹竿、绳子过去救"，不过在递竹竿、绳子给落水者时，千万不要随便站着，要尽量跪下或者趴在地上降低重心。如果有两人以上，更要互相配合，确保自身不会被拉下水。

此外，如果现场能找到泡沫块、木板之类的漂浮物，我们要告诉孩子将它们扔给落水者，避免其沉入水中，在救人的时候尽量不要直接与被救者的手接触。如果孩子不会游泳或游泳的技术不高，一定不要下水救人。救人需要勇气，更需要的是智慧。

2017年5月，6岁的沐辰和7岁多的皓宇在家附近玩耍，皓宇不小心掉进了路边的一口水井中。沐辰看到后，立即去附近的人家寻求帮助。皓宇很快被大人捞上来，因救护及时，皓宇并无大碍。大家纷纷为沐辰第一时间寻求大人帮助的行为点赞。

专家说，我们推行"救人在一念之间，救命还需一技在身"的理念，但我们所提倡的不是以前的舍身救人。未成年人在力量和判断力上都欠佳，即使他们会游泳，也不提倡他们下水见义勇为。遇到溺水事件，小朋友最佳的救人方法就是在岸边奔走呼救，这不仅能及时救人，还可以保护自己。

一位关注社会民生问题的记者也说："其实，看到正义的事勇敢地去做是见义勇为；未成年人遇到不可控的风险时，向成年人呼救也是见义勇为，更确切地说是见义智为——遇到意外，用机智的方法来保护自己以及他人的生命安全，更值得赞扬。"

此外，当孩子救人时，我们还要让孩子了解一些基础的医学知识和生活常识。如果敢救人却不会救人，等于害人害己！比如炎热的夏季，孩子在路边发现了一个受伤并且晕厥的人，这时，我们应该教孩子怎么做呢？

正确的做法是保护现场，赶快打电话叫救护车，一定不要随意搬动那个晕厥的人。假如那个伤者身上有骨折的地方，随意搬动他，会造成他二次受伤。如果伤者患有心脏病等突发性疾病，随意搬动他，还会危及他的性命。

教育专家陈志朋表示，家长和老师应该教会孩子在遇到危险时量力而行，更应该教会他冷静处理紧急情况的措施和知识，比如发现起火后，拨打119向消防员求助，比自己冲进火场救火更有效。

那么，孩子在遇到危险时，我们该教他怎样保护自己呢？

突遇火灾

在半夜十分，家里人都睡着了，孩子如果被烟火报警器的声音给惊醒，此时要大喊："着火了！"把家里人都惊醒，然后立即离开房子。我们还要教孩子使用他在家庭消防演习中所学习的撤离方法，撤到室外一个事先安置好的地点。如果室内有烟，应该放低身子，匍匐着爬出来。如果孩子的伤口大量出血，要把伤口扎紧，但不要紧得发痛，直到把血止住，然后打电话给爸爸妈妈或者邻居。

和父母走失

假如在人多的地方，孩子和我们走失，如果我们没有事先给孩子讲好，孩子就会哭闹，到处乱跑，以至于到最后谁也找不到谁。我们要教育孩子，你可以告诉某个可靠的人说你走丢了。要是在购物中心，你可以走进最近的一个商店，告诉某位收款员；如果是在海滩，就告诉救生员。但是绝不要随便走到某个大人面前告诉他，你走失了。一定要告诉可靠的人，不能仅凭个人感觉看着这个人可靠就可靠，而是要找这个地方工作的人员……

在动画片《名侦探柯南》中有这么一个画面：柯南和小兰看到有两个歹徒欲对一女子不轨。跆拳道高手小兰打算直接冲上去救她，但是柯南却拉住了她，带着她躲在暗处，喊道："警察叔叔，刚刚看到的坏人就是从这里跑了。"由此吓走了歹徒。

4．校园暴力，如何教孩子保护自己

2017 年 4 月，一段彭州某中学校园暴力的视频在微博流传。据网传视频显示，一位黑衣女生让一绿衣女生站好，在随后的 35 秒内扇绿衣女生耳光共计 14 次。随后打人女生又对身旁另一短发女生进行脚踹、扇耳光等行为。视频中打人女生还不断发出一些侮辱性语言。

2017 年 6 月，有网友曝光一名学生在厕所受辱视频，在网络引发极大关注。视频中的受害者是某中学的一位男同学，由于患有小儿麻痹症被几位男同学歧视、欺负，被逼在厕所内手抓并吃掉大便。不久，5 名涉案学生被拘留。

这种践踏尊严的行为让人看得十分气愤。作为孩子的家长，我们有责任、有义务保护好孩子，不管是预防的意识和事后的处理都很重要，不可以掉以轻心！

大多数孩子如果在学校受到欺负，都会在情绪上有所表露，如果我们不去关注孩子的情绪，孩子也不敢说，孩子自然就无法及时得到帮助，如此发展下去，孩子不仅成了欺负对象，在心理上也会留下阴影。因此我们要时刻观察孩子的情绪及反应，敏锐地判断孩子是否遭遇到校园暴力。

首先，孩子的身体是否出现伤痕。如果孩子的身体表面无故出现瘀伤、抓伤等人为伤痕，很大可能就是遭遇校园暴力。如果发现孩子很反常，大热天还常穿长袖，那很有可能是想遮掩。

其次，孩子的个人物品是否丢失或损坏。如果孩子的鞋、首饰、文具等个人物品经常丢失或破损，甚至钱会莫名其妙地没有了，那我们就要留心了，孩子很可能正在遭到一种威胁。

然后，孩子的如厕习惯是否反常。如果孩子每次急急忙忙，非得回家才上厕所，那很有可能学校厕所已经成为校园暴力场所。孩子因为害怕，所以选择躲避，这时候我们应选择和孩子好好聊一聊。

最后，孩子的自尊心是否受挫。如果孩子的情绪很低落，自我伤害甚至有自杀行为，我们要引起重视，很可能是在学校受到言语诽谤等精神方面的伤害。还有几个很明显的迹象，如孩子逃学、装病请假等，可能是在学校被人排挤、受欺负。在日常生活中，失眠、噩梦、尿床等问题也可能是遭遇校园暴力的表现。

除了在平时仔细关注孩子外，我们还要教育孩子，学会敢于表达自己的不满。当遭到其他同学的欺负时，要敢于用语言表示自己的态度，制止对方的侵犯。孩子的一些欺负行为往往是为了取乐，如果看到被欺负的人如此坚强，一般会很无趣地离开。

一位作家讲述了自己的孩子被人欺负的故事：

他的儿子经常和邻居家孩子在一起玩。一次他去叫儿子回家吃饭，正好看到邻居家孩子在辱骂儿子，而他的儿子就气呼呼地站在那里，委屈地直掉泪。看到这一幕后，这位作家有些生气，自己的孩子为什么不会保护自己，不去争取自己的权益？

回到家后，他传授给他回击的标准句式："请你不要这样做！我不喜欢！你说我是什么，其实你才是什么……"他告诉儿子不管别人骂什么，照句式回击即可，比如人家说你大坏蛋，你就说："请你不要这样说！我不喜欢！你说我是大坏蛋，其实你才是大坏蛋！"他和儿子两个人亲自演练了几遍后，儿子明显地有了自信。

某些时候，一些"熊孩子"就是爱欺负人，也不跟你讲什么道理，而这时可能老师又忽略了，那么孩子也不能干受欺负，要学会用适当的行为反击。因为，有时受欺负的孩子表现出一些勇敢的反击行为，也能让人震惊，从而停止其他孩子的校园暴力行为。

希拉里在4岁时，一个专爱欺负人的大女孩总是对她呼来唤去的。希拉里的妈妈知道后，对她说："这个家里没有胆小鬼的位置。"虽然希拉里当时吓坏了，但妈妈还是教她下次要大胆反击。不久，希拉里又碰到了那个横行霸道的女孩，这回，希拉里当着几个男孩的面赏了她一记耳光。事后，她跑到妈妈面前，骄傲地宣称"现在我可以和男孩们一起玩了"。

一般来说，爱欺负人的孩子受到言语制止和行为反击时可能就此打住，也可能变本加厉，采取更激烈的方式。这时，单靠个人的力量可能无法抗衡。所以一般遇到受欺负的事情，最好主动向老师寻求帮助，尤其是要敢于在老师面前揭发他们的行为。而对于家长来说，也应该尽可能地和老师沟通，让老师处理好事件，避免和对方家长理论，因为通常情况下，理论的同时会发生争执，反而解决不了孩子的问题。

一旦校园暴力发生在我们的孩子身上，会对孩子的心理及成长产生不良的影响。为了使孩子免受欺负，我们可以通过适当举措事先预防孩子被欺负以及由此受到的伤害，比如：

让孩子在充满爱的环境中成长

预防孩子被欺负或欺负人的最根本的方法是确保他在充满爱、同情心与尊重的亲子关系中成长，而不是在被暴力和权力控制的环境中长大。如果我们用掌掴等体罚来管教孩子，孩子可能会学到暴力即是解决人际关系问题的最直接有效的方法，或者孩子会变成懦弱胆怯的人；如果我们习惯用权力来强压孩子，孩子或许会仗势欺人，或许会变得习惯屈从于强势。

与孩子保持沟通

孤独的孩子更容易被欺负。请记住，我们身为父母最重要的责任之一是保持与孩子在心灵和情感上的亲密连接。无论在什么样的情况下，都要与孩子保持畅通的沟通。

培养孩子的社交能力

不合群的孩子更容易被欺负。我们从孩子幼年开始就要着力去培养孩子的社交技能，比如在家玩交朋友的角色扮演游戏、看相关的绘本图书和讲故事、多带孩子参与集体活动等，教孩子在不同情境中如何介绍自己、如何学会观察别人、如何去和小朋友们打成一片。

教给孩子自我保护的基本方法

欺负人的事件总在大人不在场的时候发生，所以我们要教孩子避免去无人监管的走廊、浴室、操场等地方，并且要坐在校车的前面，站在队伍的前面，在食堂吃饭的时候坐在教职员工附近的位置等。

该干预时果断干预

如果我们发现类似于校园暴力等状况时，要积极与相关的人进行沟通，比如对方父母、老师等，不能让孩子一个人独自承受。我们尤其要注意那些非暴力行为的隐性伤害，比如言语攻击和排挤孤立，有可能会对孩子造成非常严重的影响。

此外，遭受校园暴力的孩子是无辜的，我们千万不要责怪孩子无能。我们要安慰孩子、告诉孩子，不好的事情终究会过去，一切都会变好。但切记千万不要过度安慰！过度的安慰对孩子来说是不断提起曾经的阴影，不断揭开伤疤，反而会给孩子带来伤害。我们可以有意给孩子找一些事做，如买书，带孩子看电影、听音乐会，带孩子旅行，给孩子买一些手工模型等，逐渐转移注意力，有助于孩子走出阴影。

5. 如何教孩子在善良的同时抵御恶意

李文星，出生于山东农家，是重点高校毕业生，也是全家人的希望。可他才刚刚踏入社会，就陷入传销组织并被杀害。继李文星离开这个世界没几天后，湖南贫困大二学生林华蓉也陷于传销组织，最终永远地离开了这个世界。

近些年来，大学生被骗甚至被害的新闻频见报端。我们作为家长每每看到这样的新闻，不禁要问：我们给孩子买学区房、读名校、上各种补习班……十几年工夫好不容易把孩子培养成大学生，为什么会遭遇这样的灾难？

我们从小教育孩子做人要善良一点、正直一点……可是我们却没有教育他如何面对这个世界的种种穷凶极恶？也许有人会说，"这都是小概率事件，我的孩子不可能遇到的！"但是，一旦遇上，对一个家庭的毁灭却是百分之百！我们要不要把世界残酷的一面撕开来给孩子看？该如何教会孩子自我保护？

网球运动员李娜在职业生涯中期曾选择退役，到华中科技大学念书。她在自传《独自上场》中这样描述大学同学："刚进入大学时，老实说，我经常会被与我同龄的同学的天真和理想主义给雷到——他们竟然如此单纯！"恐怕骗子们也是这样看待大学生的，"他们竟然如此单纯！"所以他们会不约而同地把罪恶之手伸向大学生。

本来，大学生已经是成年人，正处于四处游历、闯荡社会的好年纪。可现在看来，一些大学生并没有独自面对世界的能力，他们对社会的残酷一无所知。为什么会出现这种情况呢？这与父母的过度保护脱不了干系。

大多数父母向孩子屏蔽了世界不好的一面，为孩子营造了一个"两耳不闻窗外事，一心只读圣贤书"的纯净环境。我们总对孩子说："孩子，你只管好好读书，考出好成绩，考上好大学，找到好工作，其他的都不用管！""其他都不用管"的后果是，当他长大后独自面对世界的凶险时，会猝不及防，稀里糊涂上当甚至遇害。

对于到底要不要告诉孩子社会的残酷，说法不一。有人认为告诉孩子太多负能量，会让孩子感觉生活在危机之中，处处小心，事事防范，影响身心健康。但是，社会的残酷并不会因为我们避而不谈就不存在。专家认为，让孩子拥有必要的防范意识和对社会现实的分辨力，是每一位父母的责任，也是塑造孩子心智的必要途径。

一位妈妈看到晚上要给6岁的儿子读《谁的牙齿》这本书的内容时，不禁吓出了冷汗。因为书中的故事是这样的：在非洲的大草原上，红狒狒捡到了一颗又尖又亮的牙齿，善良热心的它决定寻找牙齿的主人。一路上它询问了河马、斑马、狐獴、鹈鹕、犀牛、大象，"这是你的牙齿吗？""不，它太小了。""不，它太尖了。""不，它太大了。""不，它太细了。"优雅的长颈鹿夫人告诉它这是一颗食肉动物的牙齿。

红狒狒继续寻找着，最后它遇到了鳄鱼。当鳄鱼一边流着眼泪，一边伤心地说："我为它伤心了一整天，你能帮我把它放回嘴里吗？"善良的红狒狒回答："当然可以。"就在红狒狒往鳄鱼嘴中放牙齿的瞬间，鳄鱼张大嘴巴，一口就把红狒狒给吞了！

这个寓言故事就像一个警钟敲醒了那位妈妈，让她知道不要再盲目地把孩子置身于象牙塔中。而是把孩子当成一个人，他要懂得爱护别人，更要能够保护自己；他要学会思考分析，更要善于明辨善恶。

德国教育家威特指出：小孩子都喜欢和那些看起来很和蔼的人待在一起，但是那些欺骗孩子、伤害孩子的人几乎都是这些喜笑颜开、和蔼可亲的"好人"。单纯的孩子最容易受到蒙蔽，他无法分辨什么是真正的好，什么是真正的坏，陷入盲目轻信之中，在面对虚假现象时变得麻木迟钝，最终让自己受到伤害。

威特说："那些只给孩子展示现实光亮部分的做法对孩子是一种极大的伤害，让孩子认清各种面目，不轻信他人的漂亮言词，既是对孩子的一种保护，也是培养孩子智慧的重要手段。一个真正聪明的孩子不仅掌握了许多知识，更拥有明智的辨别力。"

学习成绩好固然重要，但并不是唯一重要的。我们还要教孩子一些能力，以便孩子更容易适应社会。

让孩子及早认识到社会的残酷

科学研究显示，孩子的适应力，特别是心理适应力远超过成人。年龄越小，适应力越强。在孩子幼年时的教育，我们所要做的就是尽可能地教会孩子爱，对生活的热爱，对他人的关爱，教会孩子希望，并且帮助孩子认识到社会的残酷。孩子应该保持善良，但也必须认清罪恶。

了解基本的安全常识

仅仅一个电话面试，几个简单的问题就通知入职，当我们的孩子遇到这种情况，我们要告诉他这可能有问题。还有，一般说来，企业不会让人先交钱后入职，如果让孩子先交钱，最安全的办法就是换一家。

虽然求职对于有些孩子来说还为时尚早，但生活中的一些基本安全常识，我们一定要提早告知孩子，比如"防止触电""水深危险"等符号，还要让他知道110、119、120等求救电话。

学习求助技能

我们平时可以带领孩子认识社区及街道上的求助地点，告知孩子有困难时可求助。同时告知孩子求助技巧也不可少，让孩子了解并且学习"叫、跑、说"的安全技能，高声叫"失火了"或对着坏人的后方喊"爸爸，你来了"，再转身跑向人多的地方或求助地点。

教孩子勇敢拒绝陌生人

我们应告诉孩子，在正常情况下，大人只会向大人求助，而不会向孩子求助，一旦遇到有大人主动向你借东西，孩子需要立即提高警惕并远离，甚至报警。

有句话是这样说的：教育的目的，本来就是要让孩子在他"羽翼渐丰"的时候，能够真正具备生存的能力。如果我们真的爱孩子，就要教会他和这个世界相处的能力，这是对孩子最大的帮助和保护！

6. 如何避免坏人利用孩子的善良

在黑龙江省的佳木斯市桦南县，曾经发生过这样一起惨案。一名刚刚17岁的年轻女护士在路上看到一名孕妇跌倒，急忙上前搀扶，并将孕妇送回家中。当天下午3点15分，女护士给朋友发了一条微信：送一名孕妇阿姨，到她家了。然而令所有人没有想到的是，这条充满爱心的留言，成为这名女孩留在人世间最后的信息。

女孩失踪，警方四处侦查，最终抓捕了孕妇谭某。据称，谭某为了讨好丈夫，假装在街头跌倒，引诱善良的女孩，把她拐到家里让丈夫强奸。这名17岁的毫无防范的女孩送谭某至出租屋后，被她以一瓶掺了安眠药的饮料迷昏，最后将她杀害。

孩子在成长的过程中，不可避免地要接触陌生人，我们不可能时时刻刻都陪在他身边。从小到大，我们就经常教育孩子"不要和陌生人说话"。但是这样做又不利于孩子正常的心理健康成长，导致孩子在需要帮助时也不会轻易向陌生人求助。但我们更不希望孩子因为善良而惨遭伤害，那么究竟该如何避免孩子的善良被坏人利用？一位英国妈妈是这样做的。

这位妈妈在带孩子出去玩的途中，突感腹部剧痛，被送去医院。经检查，这位妈妈需要立即手术。妈妈在手术的过程中，两个孩子被安排在手术室外等候。这时，几名奇怪的人出现在两个孩子的周围。其中一位女歹徒对两个孩子说，她的男朋友害怕打针，躲进了男厕所，一看他们就充满了爱心，能不能帮她去厕所把男朋友叫出来？两个孩子把头一摇拒绝了。

这几个人感到既惊讶又恼怒，于是继续对他们说："小朋友，你们的爸爸妈妈没告诉过你们要有爱心，乐于助人吗？如果你不帮姐姐，那你就是自私自利的坏孩子，爸爸妈妈和老师一定会惩罚你的。"没想到，两孩子还是摇头拒绝。看到孩子不上钩，几个歹徒还在想别的招，这时孩子的亲友赶来医院，他们只好悻悻而退。当孩子的妈妈出了手术室听说了这件事后，不由得出了一身冷汗。幸亏她教育孩子的方法得当，否则的话，后果太可怕了！

善良是人性中最美的品质，可以让人收获爱。但孩子拥有的善良之心，不能成为他的软肋。在以下的几种情况下，我们要告诉孩子收起自己的善良，避免被坏人利用。

你弱势他强势

就像上述的故事中，两个孩子明显处于弱势，陌生人找他们帮忙明显是另有企图。孩子能够果断地拒绝陌生人，和那位英国妈妈的教育是分不开的。她经常教育孩子：陌生人与你说话，要坦率、大方地应对。

避免进入封闭环境

有一天，一个孕妇看见门口有个乞丐在淋雨，很可怜他，于是请他进屋休息一下。乞丐进了孕妇的家后，发现就孕妇一个人在家，就威胁她给他一笔生活费。在这样封闭的环境下，只有孕妇和乞丐两个人，孕妇为了避免遭受更大的伤害，破财消灾，付了钱给乞丐。

有些人可能在公开场合会表现得像谦谦君子一样，而一旦和弱小的人单独进入封闭环境，弱小的人很可能就会被他摆布。因此，我们要告诉孩子，在任何情况下，助人为乐可以，但单独与比自己强大的人进入封闭的环境是非常危险的，比如房间、电梯、汽车或人烟稀少的僻静场所。

救急不救穷

我们要告诉孩子，当一个人有困难时可以伸出援助之手。但是如果这个人总是以有困难为借口而求助于你，就不应当再好心帮忙。因为当一个人饥寒交迫的时候，你给他一碗米，就是帮他解决了大问题，他会感恩不尽。但是，你如果继续给他米，他就会觉得理所当然了。一碗米不够，两碗米不够，三碗四碗还是觉得你给得少。这样的人，你即使帮助他再多，他也觉得是应该的。如果你不帮助他，他可能还会因此而恨你。

人可以善良和富有同情心，但是不能无原则地善良和富有同情心。善良和富有同情心一定要有度，否则，你的善良和同情心很可能会被自私的人利用。我们应告诉孩子，当一个人不思进取、一味索取你的帮助时，不要再对他施以善意了。

有句话说："越是善良的人，底线越要高一点，才不至于纵容他人；越是善良的人，越要懂得拒绝，也算是对自己的保护。"如今，总有一些坏人打着一些美丽的幌子去诱骗孩子，但是由于孩子年纪小，安全意识比较薄弱，自我保护能力差，所以很多时候这些不法分子的阴谋就会得逞，这就要求我们在平时的生活中多对孩子进行安全教育，教育孩子如何应对突发事情，让孩子掌握一些基本的自我保护常识。

7. 如何教孩子学会拒绝他人的无理要求

作家张德芬说："一个没有学会说'不'的孩子，从小就不断受到父母的'侵犯'，没有为自己划定界限的能力，所以，很自然的，长大以后，他在外面的世界里也不懂得为自己划定界限，不会说'不'，而遭受别人不断地侵犯。

智慧的父母，要学会把孩子说'不'的权利还给他。"

大多数父母经常教育孩子在家听父母话，在校听老师话，在外对人多宽容忍让，不与人冲突。这些本意都是好的，但是如果孩子为了迎合别人，而从来不敢对不合自己心意的事情说"不"，那就会形成一种不良的心理状态。敢于说"不"，才是一个有独立意识的人，才有可能活出精彩的人生。

家庭教育家韩三奇表示，会说"不"是一种重要的心理能力，在人的心理发展规律中，先会说"不"，后说"是"。然而，很多人在成年之后却失去了这种能力，这主要是因为父母在教养过程中，当孩子所做的事情跟父母不一致时，父母的第一反应是纠正孩子的"错"，甚至不断打压孩子。

于是，大多数孩子选择顺从父母的意愿，你让我做什么，我就做什么，因为只有顺着父母的意思，才能得到肯定，也才能得到更多的好处。说"不"的能力慢慢地就被忽略了。等到成年之后进入社会时，孩子会处处看别人脸色行事，变得唯唯诺诺，完全失去自己，根本无法在人际关系中找到合适的自我定位，极其痛苦。

张德芬说，她小的时候，她的妈妈完全侵犯了她的界限，看她的日记，未经询问就把她觉得非常珍贵的东西扔掉。她上大学了，她的妈妈阻止她谈一个不认可的男朋友，还打电话到对方家里告诉对方，他们的儿子配不上她。小时候的张德芬在妈妈面前是毫无尊严可言的。虽然长大以后，她的个性比较强、比较厉害，但是每次有人侵犯她的时候，她会受到很大的惊吓，然后用很不合宜的方式回应，通常是冲对方发脾气或攻击对方。

我们在教导孩子的过程中，如何让孩子健康地、合适地表达"不"？我们要能够允许孩子有说"不"的权利，第一步要做到的就是尊重孩子，了解他是一个独立的个体，经由我们来到这个世界，但他不属于我们，我们不是透过他来活出我们自己，完成我们未能完成的梦想，或是借由他来满足自己的情感缺失。如果做到这一点，我们就能让孩子合宜的表达"不"。

当然，孩子的"不"并不永远是对的，我们还是要设立一定的界限，不是每次孩子说"不"，我们就让步。当我们觉得事关重大，无法接受孩子的"不"的时候，我们一定要体会孩子的感受和需求，对孩子表示出同理心，比如，"我知道你很想出去玩，游戏当然比写功课好玩多了。但是宝贝，我们要先把功课做完好吗？""我知道你很想吃巧克力，巧克力很好吃。吃完晚餐以后妈妈陪你一起吃好吗？"

法国启蒙思想家伏尔泰曾说："我不同意你说的话，但我誓死捍卫你说话的权利。"只有当我们接受孩子说"不"，耐心地倾听孩子说话，孩子才能够勇敢地表达自己的意见和想法，才能正确地拒绝别人。我们作为家长，要想提高孩子的人际交往能力，就应从小注意教孩子学习拒绝别人的技巧，具体方法可参考如下几种：

让孩子学会与人商量

我们要告诉孩子，拒绝别人有时要和对方反复"磨嘴皮子"，直到对方认可，比如同伴想玩自己的玩具，而自己还没有玩尽兴，不想借出去时，可以用商量的语气和同伴说："我还没有玩尽兴，过半小时之后再借你玩好吗？"如此，就巧妙地拒绝了对方，避免了一场冲突。

鼓励孩子大胆说出拒绝的理由

对于别人的某些要求，如果孩子不愿意答应，我们应鼓励他直接向对方陈述拒绝的理由，比如孩子身体不舒服，不想出门，同学却要叫他一起出去买东西。这时，孩子应直接告诉对方自己的身体状况，要让对方了解自己的苦衷。

另外，很多孩子总是碍于面子，不好意思当面向对方说出拒绝的话。这种情况下，我们可以教孩子"自言自语"，让他小声说出自己心中所想。对方若是识趣、懂礼貌之人，听到孩子这么说，会主动放弃之前所提出的要求。

让孩子泰然接受他人的拒绝

我们要让孩子明白，被拒绝是很正常的事，人人都有自己珍爱的东西，都应该维护好自己的权益，每个人都有权利合理地拒绝别人。一个孩子问："妈妈，我想骑一下那个哥哥的小车，他为什么不给我骑呢？"妈妈告诉他："那个小车是哥哥的，他有权利决定给不给你骑，就好比别人想借走你的玩具，你愿意吗？"孩子说："不愿意，我要保护我的玩具。"妈妈说："对，那个哥哥也是这样想的。"我们可以让孩子通过换位思考理解他人的苦衷。

心理学家说，很多情况下，孩子不愿意说"不"，是怕伤害了朋友或者是破坏了和朋友之间的关系，怕自己失去朋友。家长可以制造情景，让孩子体验一下被说"不"的感受，让他知道，被拒绝并没有他想象的那么可怕，让他了解，在适当的时候说"不"，对双方其实都有好处。

8. 如何教孩子在遇到坏人时机智应对

前一段时间，湖北一名 5 岁的女孩在上学途中，被一名有暴力倾向、疑似间歇性精神病患者强行带上高速公路。在如此危险的情况下，小女孩临危不乱，机智勇敢地和那人周旋，并抓住机会主动向警察求救，最终毫发无损地回到了父母身边！警方在网上披露了这段视频，并盛赞这名女孩机智勇敢："是她在孤立无援时保全了自己，也是她指引民警一步步判明了情况。"那这名女孩是怎么做的呢？

首先，这名女孩在面对明显有暴力趋向的成年人时，没有激烈抗拒，而是静观其变，等待机会逃脱，这样做避免了刺激那人，保证了自身安全。其次，她发现警察出现，迅速挣脱求助，并且抱着警察的腿哭喊"她不是我妈妈"。

当那人对警察进行语言干扰的时候，这名女孩又准确地描述了被拐的过程："我早上要上学，她把我带到这里来了……"以便于警察迅速地判明情况。接着小女孩又准确地报出了姓名及家长的联系方式。同时，在高速公路的应急车道上，小女孩既不乱动也不乱跑，始终拉着民警衣角紧贴其后，使自己处于相对安全的位置。

很多网友都对此感到十分好奇，5岁的女孩为什么能这么机智冷静，知道这么多自救知识呢？这是因为小女孩的爷爷在孙女刚刚学会说话时，就试着将全家人的姓名、电话编成儿歌，让其牢记在心。在女孩4岁时，她能就将自己就读学校的校名、校址、老师的电话背下来，爷爷还教她在遇到坏人时不要慌，坏人带着她经过人多的地方时，一定要喊救命。此外，小女孩所在的幼儿园也开展过类似的安全教育。

孩子的安全意识教育越早进行越有效。我们要在日常生活中不停提醒孩子，和孩子探讨可能会发生的情况，告诉孩子应该采取什么应变方式，比如坏人会假装成爸爸妈妈的朋友或同事、其他同学的家长、维修工人，甚至是警察和公务人员，以各式各样的借口要带走孩子。我们可以假扮坏人，指出坏人常用的招数，看孩子的反应，然后跟孩子强调，一定不要跟他们走，有什么事等爸爸妈妈到了再说。

再比如坏人会要求孩子做一些坏事，并且恐吓孩子要保密。那么，我们要告诉孩子，一定要保护自己的隐私部位，如果感觉到不舒服或者害怕，就要找机会逃走。而且发生任何事一定要告诉爸爸妈妈，相信爸爸妈妈能帮助他解决问题！

我们还可以跟孩子协商一个难忘的家庭密码，比如"喜羊羊""孙悟空"，只告诉家庭成员或者信任的人，并告诫孩子不要告诉任何人自家的家庭密码。如果我们麻烦其他人去接送孩子时，可以通过这个家庭密码来做证明。这样孩子能够很轻易地辨别出好人和坏人。

如果有需要，孩子还可以创建一个书写的代码，比如111代表被人诱拐，

123 代表有可疑的人跟踪。在美国加利福尼亚州，曾有孩子用这种方法得到了父母和警察的救助。

父母对孩子的安全教育可以随时随地、时时刻刻地贯穿在孩子的日常生活之中。未成年人的安全意识比较薄弱、自我保护能力差，身为监护人的父母必须利用生活中的每个机会教育孩子，让孩子掌握一些最基本的自我保护常识，学会保护自己。

那么，我们可以从孩子懂事起就教会孩子下面这几个基本小技能：

教孩子记住自己的居住地

孩子不仅要知道自己和父母的名字，还要让孩子记住自己住的城市名字、小区名字和门牌号，但是我们要叮嘱孩子不能告诉陌生人。

教孩子熟记亲人电话和求助电话

我们要让孩子记牢亲人的联系方式，尤其是爸爸妈妈和家里的电话，还要教会孩子如何拨打电话。同时，我们应教会孩子拨打 110、119、120 等求救电话，紧急情况下，父母的电话太长容易忘记，这些紧急电话号码或许就能派上用处。

防止陌生人跟踪

当孩子自己回家时，发现有成年男子尾随着他的时候，我们可以告诉孩子，这时他可以穿过马路或拐到另一条路上，要避免和尾随他的人接触。如果陌生人继续跟着他，并迫使孩子跟着他走，这时要大声尖叫，并向附近有人的地方跑去，比如一家商店或是一个十字路口。我们要告诉孩子不要朝他看到的第一所房子跑，那房子也许是空的，也别往他自己的家跑，也许这时他的家里正好没人。

不要接受陌生人给予的任何物品

教育孩子不要接受陌生人给予的任何物品，特别是食物，因为里面很可能已经掺进了药粉。我们要告诉孩子，那些东西就像毒苹果，白雪公主吃了都会中毒晕倒，孩子吃了陌生人给的东西，就很有可能被坏人带走，再也见不到家人了。还有的不法分子会以送孩子衣服、玩具等作为诱饵，吸引孩子的注意力，以便趁机将他抱走。

不要给陌生人开门

当家里只有孩子一个人时，要叮嘱他，假如有人敲门，一定要先通过猫眼看看来人的相貌，只要是陌生人，不管他多么狡猾，甚至巧舌如簧，都坚决不能开门；但是现在也发生了不少熟人作案的案例，所以要告诉孩子，除了是爷爷奶奶、外公外婆这样的至亲之外，任何人都不要放他们进来。并且，如果是孩子一个人放学回家，要先看看身后是否有可疑的人跟在后面，确定无异样情况后再开门进屋，同时进屋后立刻就把房门锁上。

不要让孩子单独出门

不要让孩子单独出门，哪怕只是去楼下附近的小店买包盐，虽然说要培养孩子的生活能力，但是在孩子能够完全保护自我之前，最好还是由大人带领比较安全。此外，不要让孩子随便地去别人家做客，之前就有过孩子去同学家玩，结果当时家里没有大人，附近的无业游民将孩子骗走的事例。尤其是女孩子，更要特别留心，无论去哪里都要及时与大人取得联系，并告知具体方位。

9. 真正优秀的孩子从不忍气吞声

一位中国台湾女作家在她的书中回忆道：她小时候很喜欢的玩具被一个女同学给折断了，她没有告诉妈妈，说是自己丢了。结果那一年，这个女同学抢走了她美术比赛的蜡笔，被老师称为绘画小天才的她没能参加比赛，她告诉妈妈，那一年比赛没有奖品。这位女作家说，在同学们排队走路时，她让了一个又一个同龄人，自己走在最后面；她也常常为了取悦别人，唱歌跳舞，直到别人拍手叫好。

她说自己永远记得那一年，她 13 岁，老师带着她走进办公室，问她，为什么脸上抓伤了？她却一声不吭，哭着说，没关系，以后躲着欺负自己的人就好了。老师说她，"你以为这样就是好孩子吗？你知不知道他以后还是会抓伤你，也会抓伤别的同学。"不是她不说，他就会感激她，把她当好朋友的。老师告诉她，"一个人总是想取悦所有人，其实取悦不了任何一个人。"她从那一刻开始，撕下了老好人的面具，开始会还手，开始不再被欺负。

善良是孩子最有价值的品质，教孩子与人为善没有错，只是善良不是懦弱、不是遇事退让、更不是与世无争。很多父母有这样的想法，让孩子成为人人喜欢的人，无非是谦让一点，再谦让一点；懂事一点，再懂事一点；顺从一点，再顺从一点。

但是谦让懂事不等于忍气吞声。我们不要忘了，要让孩子拥有他自己的骨气和骄傲，比如他见到曾经伸手打他的小哥哥，始终不肯开口喊一声，那就不要强迫他打招呼；比如他不愿意在人前跳舞和唱歌的时候，就不要勉强他跳舞和唱歌；比如有人打了他，我们不要骂那个还手的他。一个人不够有原则，是得不到别人尊重的。一个人拼命地取悦别人，也换不来别人的尊重。

孩子沦为忍气吞声的"受气包"除了不正确的"善良"教育之外，还与孩子的家庭教育密不可分。自卑是孩子成为"受气包"的最大原因。自卑感强的孩子内在力量弱，无力反抗，于是成为最好欺负的对象。

而这种自卑和无力，毫无疑问，来源于家庭。父母和孩子相处得融洽，孩子就阳光自信，而父母整天对孩子非打即骂，动不动就发脾气，不听孩子的解释，这样的孩子的性格只会越来越内向、懦弱，在与人交往的过程中也会非常自卑，因此也会经常受欺负。

教孩子不要忍气吞声，我们要告诉孩子在感觉不舒服的情况下勇敢说"不"。我们不是要培养一个完全乖乖听话的孩子，而是要引导孩子表达自己的想法。不敢表达自己的想法的孩子更容易受到伤害，不管孩子性格是内向还是外向，我们都要告诉并多让孩子练习在感觉不舒服的情况下勇敢说"不"。

江苏少年儿童出版社资深编辑章红说过这样一个故事：

她的女儿在上小学时经常被一个淘气的小男孩恶作剧欺负。有时候老师看到了批评两句，可是老师看不见的时候那个小男孩不是抓她小辫子，就是画她的衣服，怎么警告也没用。于是她告诉女儿"下次他再欺负你的话，你就能哭多大声就哭多大声"。果然，女儿大声哭了一次后，这个小男孩再也不敢欺负她了，因为女儿的声嘶力竭的哭声一是吓住了这个小男孩，小男孩不敢再欺负她了。二是惊动了老师，老师不得不管。

儿童教育专家说，"不逃避，正面反对是有力的保护自己的方式。锻炼孩子在感觉不舒服的时候用坚定的语气、强烈的语言说出'我不喜欢你这样！''你不准这样！'，传递出自己的态度，'我不好惹，我不怕事。'"一位作家写道，"真正优秀的人，从来不是忍气吞声，而是总是昂着头，说一不二地活着，他们爱憎分明，他们也爱恨有别"。

告诉孩子不要再忍气吞声、逆来顺受，在受到欺负时，可以这样做：

严厉大声地喝止对方

我们要告诉孩子，不要害怕对方，学会说"不行""不要打人""你这是不好的行为"等对抗的言语，让对方知道你的愤怒。

别在欺负你的人面前哭

我们要告诉孩子不要在欺负你的人面前哭。哭泣只会导致对方变本加厉地嘲弄。我们应教孩子表现出自信心，比如告诉他注视着欺负他的人的眼睛说："住手，我可不喜欢你这样做。"然后，昂首挺胸地离开。

警告对方要告诉老师和家长

我们要教孩子不要在对方面前示弱，第一时间警告对方不要再动手，否则就告诉老师和家长。欺凌弱小者表面上看起来很强大，其实他们心里也害怕，怕事情败露，怕受到批评。所以，只要你没做错，就可以理直气壮，而不是忍气吞声。你越怕，对方就越觉得你好欺负。为了避免受更严重的欺负，可以让孩子和对方说"家长已经来接自己放学，就在附近""哥哥每天都和我一起回家"之类的话。

作家闫红在《大家》专栏里提到：一个孩子在外边的处境，往往是他在家中处的延续。要想让孩子保护好自己不受别人欺负，那么孩子在家里也应该有足够的安全感。也有人说，对于孩子，不伤害人，是一种教养；但不被伤害，却是一种气场。而这种气场，来源于极其稳定的安全感，对事情本能的自我解决的能力和面对外界的勇气。

父母毫无保留的信任和爱能够给孩子足够的安全感，一个孩子若有着充足的安全感，那他的内心是强大的、安定的，即便孩子遇到再大的事情也不会怵，因为他知道，无论什么时刻，父母都是他最坚强的后盾。

第 7 章

更好的习惯，
绝非按时吃饭按时睡觉按时写作业

1. 独立思考，培养不盲从、有主见的孩子

爱因斯坦说过："通过专业教育，学生可以成为一种有用的机器，但是不能成为一个和谐发展的人。要使其对价值有所理解并产生热烈的感情，那是最基本的。否则他和他的专业知识都像一只受过很好训练的狗。"

网上曾流行一个段子，说："你用小米手机，泡贝塔咖啡，听创业讲座，宅在家看哈佛公开课，创业咨询每日必读……喜欢罗永浩胜过乔布斯，逢人便谈互联网思维。"如果上述条件你都符合，那你应该每天还在挤地铁。

为什么那么多人每天都投身于各种学习，最终却没有成为自己想成为的人，甚至过得很糟糕？因为，他们缺乏独立思考的能力，凡事没有自己的见解和判断，经常是别人做什么，自己不管三七二十一也一头扎进去。当然，他们多半并不是成年后才变成了这个模样，而是自小就养成了盲从的习惯。

叔本华曾说："从根本上来说，只有我们独立自主的思考，才真正具有真理和生命。纯粹靠读书学来的真理，与我们的关系，就像假肢、假牙、蜡

鼻子甚或人工植皮；而由独立思考获得的真理就如我们天生的四肢，只有它们才属于我们。"

培养孩子的独立思考能力，才会让我们的孩子在这新闻充斥、传闻流传的社会里知道哪些是真的，哪些是假的，哪些是应该摒弃的，哪些是应该接受的。如果没有了独立思考，孩子长大后就会成为生活的奴隶。当大部分的人把追名逐利当成是自己的追求时，他也会如此。他看重的也会是房子、车子和票子，但是大部分人的追求就是他的追求吗？没有自己的思考，最后只能淹没在社会的洪流中辛苦一生。

当然，培养孩子的主见是一件挺不容易的事情。因为孩子在小时候独立性很差，父母容易对他做什么不放心，所以常常一边责备孩子没主见，一边什么事情都操心，自相矛盾了还不自知。那么，如何使孩子变得有"主见"，成为一个有独立性思维的人？

教育家陈鹤琴曾经举过这样一个例子：

有一天，一个9岁的男孩问陈鹤琴："竹管里有空气吗？"陈鹤琴没有直接回答，而是拿了一根两头有节的竹管，在竹管上钻了一个洞，然后把竹管放在了水盆里。这时，一个个小泡从洞里冒出，孩子欢呼道："空气！是空气！"他自己得出了答案，显得格外高兴。

假设上面故事中，最后的答案是父母或者老师帮他发现的，他会有这么兴奋吗？生活和学习中，我们应该多给孩子"自己做主"的机会，大胆放手让他自己去动手、去计划、去设计。

如果孩子在开始怯于动手，或者不知从哪里开始，我们可以引导孩子学习换位思考，比如，"如果让你去组织这次活动，你会怎样安排？""如果这事发生在你身上，你会怎么去想？"有了良好的思维习惯，孩子将会慢慢从"无主见"转变到"有主见"，最终成为一个有独立性思维的人。

此外，还有以下几种培养孩子树立独立思维的方法：

不要直接告诉孩子问题的答案

高明的家长面对孩子的问题，往往不会直接告诉孩子答案，而是教给孩子解决问题的方法，让孩子从中学会独立思考，比如当家里的电视机突然没有影像和声音时，爸爸可以让孩子自己去发现问题，看看是电源的问题，还是电视机自身的问题。孩子在寻找答案的过程中，锻炼了自己的思考能力，积累了经验，当找到解决问题的答案时，会充满成就感，思维能力也相应得到提高。

如果孩子暂时无法独立解决问题，我们可以示范，通过查阅资料、反复思考等方法，让孩子学习思考的方法，这对培养孩子独立思考问题的能力非常有益。

主动提出问题和孩子一起讨论

我们可以经常给孩子提出一些问题，让孩子的大脑经常处于活跃状态，通过这种方式来锻炼孩子的思维能力。

费曼是美国物理学家，他的爸爸就非常善于引导他思考。费曼的爸爸将自己扮演成外星人，"外星人"遇到费曼，会问很多地球上的问题，比如，"为什么有白天和黑夜的区别啊？""为什么会有气候和天气的变化啊？"在这样的提问情境中，费曼学到了很多知识，也学会了思考。

后来，费曼的爸爸带费曼去博物馆，为了引导孩子对博物馆产生兴趣，他还是通过提问的方式。他先让孩子自己阅读某些相关书籍，然后再向他提问，对于孩子没有理解的问题，他就用通俗容易懂的话为孩子解释。

我们利用这种方法，能够让孩子从全面和新颖的角度思考，让孩子勇于突破常规的想法，提出自己独到的见解。

鼓励孩子发表自己的意见

我们要给孩子创设民主和谐的家庭氛围，孩子在这样的家庭环境中，才会有活跃的思维，敢于发表自己的意见。在压抑的环境中成长的孩子，不容易有自己的意见和看法，思想会受到父母的左右，只会盲从附和父母的意见，这样会影响孩子思考能力的发展。

很多孩子不敢大胆说出自己的想法，主要是怕说得不对，会受到父母的责备。我们应鼓励孩子有自己的见解，在孩子发表意见时，即使是错误的，也要让孩子说完，然后再给予适当的指导。对于孩子的正确意见，我们应该积极肯定和表扬，增加孩子主动表达的自信心。

和孩子玩一些益智类游戏

生活是教育孩子的最好课堂。生活中，孩子一般都喜欢游戏，如果父母在游戏中注入益智因素，就可以促进孩子思维力的发展。父母经常和孩子玩一些益智类的游戏，既能沟通亲子感情，又可促进孩子思考能力的发展，比如父母利用节假日，举行一些智力竞赛之类的游戏，可以邀请孩子的一些朋友一起参加。

用完成故事结尾启发孩子思考

孩子一般都喜欢听故事，我们利用讲故事却留出结局悬念的形式引导孩子去展开想象与思考，让孩子在听故事的玩乐中学会动脑筋，孩子会乐此不疲，不至于产生厌烦的心理，这也是锻炼孩子独立思考能力的好方法。

独立思考的品质在人的一生中占据着十分重要的位置。如果孩子拥有独立思考的能力，就会善于发现问题，能够通过思考、分析找到答案，才会取得好的学习成绩。而孩子长大后，因为有独立思考的习惯和品质，他的视野会比别人更宽广，思维也会更加缜密。

2．引导孩子克服拖延和磨蹭的坏习惯

我们大多数父母都有这样的困扰，自从孩子上小学之后，家里每天早上都成了"灾难时刻"。雅静家的情况是这样的：

妈妈早上 6:30 就要起床，一边为宝贝女儿提供叫醒服务，一边开始做早餐。雅静则继续赖床，直到不情不愿地被妈妈从床上吼起来，然后慢吞吞地穿衣服。如果妈妈不注意，雅静还可能坐在床上发呆。有时候，实在来不及了，就由爸爸妈妈帮忙套上衣服，拖去刷牙、洗脸，再拖到餐桌边吃饭。

接着，早餐又是一场硬仗。雅静一会儿这个不想吃，那个又吃得慢。爸爸妈妈在那里急成热锅上的蚂蚁，她却优哉游哉、三心二意。好不容易哄她吃完了早餐，最后连穿鞋的时间都快没有了。每天早上手忙脚乱，不仅大家都心情糟糕，还常常丢三落四。雅静的妈妈感叹道："长此以往，我们都得疯掉！"

其实，我们在怪孩子拖延和磨蹭之前，自己也要先反省：

自己是不是太急躁了？

给孩子的期望值是不是超过了孩子的实际能力？

是不是被"别人家"的孩子影响了？

很多时候，我们看到朋友圈中晒出来的别人家的孩子，还有一些坊间传说的神奇孩子，不知不觉就期待自己的孩子能这样就好了，所以更容易对自己的孩子要求过高。

其实，大部分情况下，孩子拖延和磨蹭是因为他怕，或者他在用这种方法表示自己的拒绝。在父母严格要求的家庭里，孩子不能直接反抗父母的一些指令，他自己又特别不想做，那怎么办呢？

那就拖延和磨蹭吧！慢慢地做，说不定自己做不好，父母就不要自己做了。拖延和磨蹭行为的本身就是孩子在用行动告诉你他的心声：他不乐意做这件事。这个时候，我们就要有自己的方法了，单纯的责骂绝对不是好主意。

首先，我们自己要能够控制情绪，做一个淡定的父母。只有当我们淡定

下来，当我们不再对孩子迟到或没完成作业等事情发表意见时，迟到或没完成作业就成了孩子此时心中最重要的一件事，他就会自己着急，自己学着承担，自己学着负责。我们作为父母，有些事情要学着让孩子自己去承担后果、直面人生。

孩子拖延和磨蹭还有一个原因是我们经常忽略的，那就是孩子对作业中的某道题不会，如果我们一味地让孩子迅速地完成作业，孩子只能选择胡乱填写，并且会对学习逐渐产生畏难心理。所以在孩子写作业之前，我们要帮孩子对学习内容进行巩固，然后再让其独立写作业。做巩固，同时也有助于培养孩子良好的学习习惯。

还有一些孩子在写作业的时候，一会儿东瞅瞅西看看，一会儿抠手，一会儿挠头。对于这样的孩子，我们要帮他树立时间观念。因为孩子往往没有具体的时间观念。你跟他说 10 分钟，他不知道具体有多长。更不知道时间的珍贵。所以你跟孩子说 2 分钟刷完牙，10 分钟吃完饭，孩子就算答应了也未必明白具体时间的含义。

我们不妨给孩子买一个计时器，教孩子认识钟表，设置一个闹钟等。当孩子在规定的时间内完成了作业或其他任务时，给予充分的鼓励和赞美。

对此，亲子教育专家、复旦大学博士付小平女士还介绍了一种增强孩子时间观念的方法，就是巧用倒计时。付小平举例说，她的朋友曾就自己的女儿晨晨做作业拖延和磨蹭的问题向她请教，她们就采用倒计时的方法成功纠正了晨晨的不良习惯。

每天放学回到家以后，晨晨的妈妈和爸爸首先会翻开家校联系册，根据当天老师布置的作业量，预估完成作业所需时间。当时间过去一半时，他们就会提醒晨晨；还剩 10 分钟时，会再次提醒她；还剩 5 分钟时，会最后提醒她。经过一段时间的对比，他们发现，晨晨完成作业的效率在逐渐提高，对于出现的很多小状况也能快速处理。

为了避免孩子产生抵抗情绪，我们最好的办法就是指导孩子自己拟定一个时间表。因为是孩子根据自己的喜好参与订立的，而且在时间安排上又比较灵活、宽松，所以孩子自然会愿意照时间表去做，我们只需要不时地提醒就可以了。遇到孩子管不住自己的时候，他对父母的提醒即使不情愿也无话可说，学习的效率也就高多了。

那么，我们应该如何帮孩子拟定时间表，合理安排时间呢？

充分利用最佳时间

孩子的大脑发育尚不完善，比起成人来，更容易疲劳，学习时间不宜过长。一天最佳的学习时间是上午9:00~11:00，下午3:30~5:30，最好在这一段时间让孩子接受新知识；还要让孩子在记忆高峰期去背诵，一般是在早上和晚上。

巧妙地利用交叉时间

可以教孩子在洗衣服、做家务事的同时听广播，做室内健身运动的同时看电视，做家务事时与父母谈心。

要孩子保持时间安排上的弹性

任何事情都是一样的，不能不留余地。时间安排需有张有弛。不要看到孩子贪玩，就一下子卡得死死的，连星期天也不准孩子玩，这样就很可能适得其反。所以，让孩子该紧张时紧张，该松弛时松弛，是保证孩子身心健康发展的需要，这一点不可忽视。

保障休息，调节用脑

休息够，才能学得好。首先，让孩子睡好，睡眠是最好的休息。其次，在孩子大脑、眼睛感到疲劳时，让孩子做些轻松的事情。

给孩子自己留下空间

孩子不仅要有学习、劳动、休息的时间，还要有足够的娱乐和自由活动的时间，这样孩子才可能积极地做好一切。

总之，对孩子拖延和磨蹭，我们一定要用耐心和爱心帮助孩子逐步改正，不要操之过急。任何习惯的养成不是一天两天的事情，更何况纠正一个坏习惯，重新建立好习惯。我们要在平时的生活中注意总结方式方法，不断提高孩子的速度。

3. 孩子哭闹，不要急着立规矩

楼下的王奶奶说：孙女静茹看到玩具总是想买，儿媳要是不答应，静茹就赖在地上哭闹，自己想把玩具买回来哄孩子，也被儿媳劝住："不理她，让她哭。要是让她知道哭就行，以后还不总是用这招。"

看着哭到抽泣的静茹，王奶奶忍不住心疼，可儿媳说的好像也有道理……

"孩子不满意就哭，家长到底该不该理？"这恐怕不只是王奶奶一个人的困惑。

孩子一哭闹，爷爷奶奶、外公外婆难免"投降"。但现在，很多老人家也知道,这样做好像不对。年轻家长的那一套"不理他就行"似乎占了上风。

家长不理孩子，一方面是觉得孩子的要求不合理，另一方面是不愿意让孩子觉得哭闹就是解决问题的方法。但是，孩子的要求真不合理吗？

我们大人去商场，都是这个想要，那个也想要，何况是孩子。家长先要"将心比心"，先要理解孩子，而不是急着立规矩。甚至于，适当对孩子做出一些让步，并没有什么大不了，用不着过度紧张。

我们之所以称他们为孩子，是因为他们还年小，做事情的主要出发点是自己觉得好玩，开心，可以满足自己的内心需要。所以他们对错误的认知非常片面，往往觉得对错是家长根据自己的经验做出的评价。

这时候，家长一味讲道理，孩子是听不进去的。家长要告诉孩子错在哪里，并教孩子主动认错，而不能因为觉得是小事一桩就不了了之，甚至直接替代孩子去向别人道歉。每个孩子都会在成长的过程中犯错，但每次犯错都是一次教育和成长的机会，把握好了，可以塑造孩子良好的品质。

这里有以下几点建议供参考：

1. 要帮孩子看到自己的言行问题出在哪里，明白为什么会因为这件事情和他交流。比如，孩子不小心打碎了家里的茶具，他内心忐忑不安，就告诉他"我知道你现在已经知道错了"，然后抱抱他，如果哭了，就允许其释放出来，接着说"妈妈不会为这件事情生气，但希望你去把地面收拾干净，也希望你下次拿茶具时要小心"。

2. 如果孩子知道错在哪里，并已经有了跟事件有关的情绪，如歉疚感或其他情绪，先共情，帮孩子释放情绪。比如，当孩子第一次犯错时，他可能意识到自己错了，会如实向家长报告，这个时候，有些家长认为，应该给孩子一点教训，让孩子长长记性，以免以后再犯同类错误，于是训斥、打骂。这样反而会让孩子产生错觉："如果我不承认错误，妈妈或许不会惩罚我，或许会继续喜欢我。"于是孩子开始尝试说谎或用寻找替罪羊的方式来避免受到惩罚。所以当孩子犯错时，家长应该鼓励孩子，并告诉他："爸爸妈妈很开心你能说实话，这说明你是一个诚实的好孩子，但是我们至此要记住教训，下次争取不再犯，好吗？"

3. 作为家长的我们还应该教会让孩子们懂得为自己的行为负责。在孩子看到问题并释放情绪后，很重要的环节就是要为自己的错误承担责任，这才是减少下次出现类似问题的关键。比如，偷拿了爸爸钱包里的钱去买东西，就需要从零花钱里扣除，或者用劳动来偿还。把书撕烂了，满地碎纸，就要自己去打扫干净，并且这本书再也不给买，类似的书也不再买。把画画的颜料涂得满衣服都是，就需要自己去洗衣服，收拾好颜料，等等。

我们在教育孩子时最忌讳的，也是最值得我们家长注意的是：有些妈妈会在孩子犯了错的时候大吼大叫，并且说如果他再不听话就要抛弃他，再也不爱他了。这么做会让孩子把当下的错误和被抛弃关联起来，进而失去安全感和自信，埋下心理隐患。此时正确的做法是，要让孩子知道，无论他犯了什么错误，妈妈都爱他，但他要为自己的行为承担责任，需要的时候，妈妈可以和他一起承担责任。父母是孩子的模仿对象，因此平时家长有错也要向孩子认错，这样可以在无形间教会孩子如何认错。

曾有研究表明，家长的冷漠，不仅会影响孩子以后的人际交往，还可能影响其大脑发育。

当孩子哭泣的时候，家长可以这样做：

父母自己调整情绪

"其实孩子哭的时候，最先需要处理的是家长的情绪。"德国心理学家卡萝拉·舒斯特认为，孩子的哭闹会让父母处于一种特别状态，让许多家长怀疑他们为人父母的能力，所以父母会对孩子的哭泣紧张、排斥、反感。所以接纳孩子情绪的前提是父母自我调整情绪。

接纳孩子的情绪

孩子哭泣时，不要打断也不要呵斥他，你只需留在他身边，轻拥着孩子，让他尽情地哭泣，不要急于发表意见，你只需让他知道，无论发生什么，妈妈始终关心他的感受。待孩子发泄完就自动会停止哭泣，而不是因家长的呵斥而停止。

一次，几个朋友带着自家的孩子约着一起去秋游。正值兴头，两个孩子同时被绊了一跤，摔在了地上，泡泡水洒了两个孩子一身，两孩子都哭了。

两位妈妈连忙跑过来。

浩然妈妈连忙把孩子拉起来，"多大点事就哭，那么多阿姨和小朋友看着呢，羞不羞啊你。"

浩然继续哭，浩然妈妈又训到："再哭，妈妈就不喜欢你了。"

这时浩然止住了哭声。

而一旁嘉嘉妈妈却抱住嘉嘉："这真的是太难过了，泡泡水把宝贝的衣服弄脏了，宝贝一定很伤心，来妈妈抱抱！"

嘉嘉哭着投入妈妈怀抱，于是，嘉嘉妈妈轻拍嘉嘉的肩膀表示安慰。

没多久嘉嘉停止了哭泣，很快就忘记了刚才的不快，拉着浩然和其他孩子们一起去采花，而浩然的情绪一直不高，捏着小花不说话。

于是，嘉嘉妈妈问："浩然怎么不去给妈妈戴花呢？"

浩然低着头，好久才说："我怕妈妈不喜欢。"

虽然我们都知道哭闹是解决不了问题的，但许多家长并没有告诉孩子，到底该怎么解决。其实，有时候让孩子把他的真实想法说出来是最好的解决方法。家长可以平静地问孩子，你为什么哭，你到底想要什么，我怎样才能让你开心。这样会给孩子一种"咱商量着办"的感觉。就像嘉嘉妈妈那样的方式去面对孩子的哭诉，使得孩子能够很快重建自信和勇敢。而不是像浩然妈妈的一味地呵责，从而使得孩子与家长产生了距离。

在遇到这样的情况，家长应具体做到：

启发孩子自己解决问题

找到孩子哭的原因，然后启发孩子自己解决问题，帮助孩子心情好起来，但如果孩子提出无理要求，坚决拒绝。

如果孩子不依不饶，不肯"商量"时，家长可以利用"罚坐"的方法，这方法出自一档国外育儿节目。值得家长注意的是"罚坐"并不是把孩子丢在角落不理。

它要求家长首先要低下身子，一面和孩子眼神交流，一面给出警告，而且要说明罚他的原因。罚坐也有时间限定,时间到了,就要再和孩子"谈话"。如果孩子能够冷静地认错,就抱抱孩子,给予孩子依靠和温暖。

如果当一个孩子因为家长对其要求的拒绝而哭闹不已时,家长也可选择不制止,而是坐在孩子身边,陪伴他,给他哭的权利。等孩子哭够了,再从理解的角度与孩子进行对话,孩子的情绪天平就会逐渐达到平衡,这时候,家长则更容易与孩子进行有效沟通,长此以往也可以培养孩子积极向上的情感能力。

同时,倾听也让孩子感到自己的情绪被接纳,他的情绪温度会自然下降,内心力量则油然而升,无需父母"引导"和说教,孩子就能够自行走出当下的心理困境。

4. 物归原处,让孩子把用过的东西放回原处

在生活中,许多孩子都缺乏物归原处的意识,用完东西随处乱扔,经常找不到自己玩过的东西,"忘性"较大,还不愿意整理自己的物品,喜欢依赖大人。物归原处是一种非常好的生活习惯,但是大多数孩子都做不到。

归根结底,就是孩子的自制能力较差,常常为图一时痛快而随手乱扔东西,意识不到物归原处不仅整洁有序,还能方便自己和家人对物品的使用。其实,孩子乱扔物品的毛病和家长的教育引导有关系,如有些父母经常替孩子收拾东西,使其认为乱了也无妨,收拾是大人的事情,因此使孩子缺乏物归原处的好习惯。

物归原处看上去是一件简单的事,但是对孩子的影响却十分深远。从小教孩子把用过的东西放回原处,不仅有助于培养孩子思维的有序性,使孩子能够约束和规范自己的行为,还能让孩子处处想到他人,尊重和关爱他人,

尽早形成社会责任感。

在《天生棒小孩》这本书中有这样一个故事，罗宾一大早跑进厨房对妈妈说："妈妈，有没有看见我那条新的红裙子？"妈妈平静地说："我想你昨晚扔地板上了吧。"罗宾急得哭了起来，并说："我完了！学生团体选举大会上我还要穿呢！"然后就从厨房跑了出去。

原来，罗宾的妈妈厌倦了从她的房间地板上拣衣服这件事，所以她从上星期开始实施一项新政策，将没收罗宾房间里所有没挂起来的和没放在洗衣筐里的衣服，一个星期以后才能拿回去。罗宾的妈妈有一个箱子，外面写上从没收那天起一个星期之后的日期。罗宾的妈妈把衣服放进去，再把箱子存放在衣橱的架子上。在那个日期以前，罗宾不能拿走那个箱子里的衣服。此时，换上了其他衣服的罗宾又来到厨房和妈妈说再见，但很快她又回来了。"等等！我好像把鞋落在了浴室。我应该把鞋放回壁橱里的。妈妈，你先别进去，我回来后就收拾！"

《北京青年报》曾经有过一则报道，在北京图书大厦三层的学生部，多是来买书的中小学生。书架上的新书琳琅满目，但有些书并不是按顺序、按门类整齐地放好的，原因是一些学生看完书后不懂得放回原处，而是随手放进离自己近的书架。粗略统计，在大约四五十名买书的学生中，只有约10人把看过不买的书放回原处。也有学生知道把不买的书放回去，但只是放到大体位置。其中愿意找到原来位置放回去的占少数。

其实，只要我们稍稍留意便会发现，图书馆、阅览室、学校、商场等很多公共场合都有"请将看后的书放回原处""请将用后的雨伞带回来""请将用过的公共物品还回"等类似的标语。这一方面是提醒，另一方面也说明用完东西不能"归位"的不文明现象依然存在。然而，在一些国家，用完的公共物品"归位"已经成了人们的自觉行为，就像排队买票、购物一样自然。方便别人也是方便自己，对公共财物更加爱护已经成为一种美德。

因此，我们要教育孩子在公共场合这样做：要珍惜别人的劳动成果，不做破坏别人劳动成果的事；在超市购物，要把不打算买的商品、购物车、筐等放回指定处；在邮局或银行填写单据后将圆珠笔放回原处；在书店看过不买的书要放回原处；在图书馆或阅览室看过的书要放回原处。

我们作为父母，要对孩子进行监督和提醒，同时也可以和孩子商定一些惩罚措施，可以由父母来实施惩罚，也可以由孩子自己来实施惩罚，或者是以他自己承担后果来进行自然惩罚，比如孩子如果忘记约定，回家后写完作业忘记把作业本放回书包，父母可以不提醒他，第二天也不能打电话请父母送作业等，让孩子承受忘带作业的后果。

那么，我们应该如何培养孩子物归原处的好习惯呢？

让孩子懂得物归原处是给他人和自己带来便利

我们要经常告诉孩子，用完东西后按类分别摆好并及时整理。有条件的话，我们可以让孩子亲身体会物归原处给自己和他人带来的便利，也可以用发生在孩子身上的一件事告诉孩子，如果图一时省事，而将用过的东西随处乱扔，不仅会给自己，也会给他人造成麻烦。

为孩子创设一个整洁的家庭环境

一个温馨整洁、错落有致的家庭环境，往往会潜在地传递给孩子做事整洁、条理清楚的健康信息。反之，一个凌乱不堪的家庭环境，则会让孩子养成随意乱扔、不讲条理的坏习惯。因此，为孩子创设一个整洁的家庭环境，比教育孩子如何去做更有价值。

给孩子学习的机会

当孩子刚一开始把玩具摆放回去时，可能不会放得很整齐，我们一定要包容这样的情况，一步一步慢慢引导，不要因为孩子没放好就责骂，应该先鼓励他"放"的动作，然后才要求"放好"。聪明的家长不妨花点心思，比如将放玩具的箱子用颜色区分开来，请孩子依颜色把玩具摆放在应有的位置，或是在鞋柜上贴两个可爱的小脚丫等。

清楚规划收纳空间

要孩子将东西放回原位，我们首先要规划出清楚的收纳空间，并且让孩子知道什么东西应该放在某个地方，比如跟孩子说"玩具的家在这里，你每天都会回家，所以也要让玩具回自己的家"。

和谐的生活、学习、工作状态一定是有秩序的，失去秩序会让人感觉十分糟糕。假如一个人习惯了整洁有序的家居环境，就会近乎本能地拒绝杂乱和肮脏，因为后者会破坏他已经建立的秩序感、整洁感。

5. 培养孩子做家务的习惯，可提高情商和智商

有的父母非常宠爱孩子，总是事无巨细地为孩子包办一切，舍不得让孩子做一点点家务。有的父母还认为，做家务是大人的事情，孩子好好读书就可以了。事实上，让孩子适当地参与家务劳动是有很多好处的。

哈佛大学一项长达 20 年的研究表明，爱干家务的孩子和不爱干家务的孩子,成年之后的就业率为 15:1,犯罪率是 1:10。爱干家务的孩子离婚率低，心理疾病患病率也低。另有专家指出，在孩子的成长过程中，家务劳动与孩子的动作技能、认知能力的发展以及责任感的培养有着密不可分的关系。

孙云晓是让孩子做家务的拥护者，他曾说："现在的父母越来越注重孩子的早期教育，各种幼儿亲子教育培训机构也在迎合父母的需要应运而生，针对中小学生学习的在线教育迎来突飞猛进的发展。但是无论父母还是社会培训机构大部分都把着眼点落脚于孩子的智力开发和知识灌输上，却忽视了对孩子的情商、能力和道德的培养。这其实是值得警惕和需要改进的社会问

题，而改变的最简单、最有效也是最有操作性的方法就是让孩子养成做家务的习惯，这对孩子的成长能够起到重要的帮助作用。"

孙云晓常常让女儿做家务，以培养女儿的劳动习惯。一次，他的女儿对他说："你叫我洗碗，考不上大学怎么办？"孙云晓说："考不上大学没关系，碗必须洗。"在他看来，做家务有利于培养孩子的责任心和孝心。同时，孙云晓也说道："从不做家务的孩子很难有责任感，也很难有孝心。"

很多家长除了怕孩子做家务影响学习外，还觉得孩子做家务会越做越乱，越做越脏。一位妈妈说，"儿子上小学三年级的时候，说要帮我刷碗，于是我就告诉他碗应该怎么刷。儿子学得很起劲，刷碗时跟玩一样，张牙舞爪，把油和水溅得衣服和地上都是，我赶紧制止了他，这哪是帮忙，简直是添乱啊！"正是因为有些父母的这种想法，导致孩子长大以后什么都不会干，独立性差，事事都依赖父母。

教育专家指出，劳动不仅能培养个人品质，背后更体现了一种思考问题的方式。他们在学校里曾仔细观察过学生扫地，发现那些没做过家务的学生连扫地都是乱的。扫地应该按一定顺序清扫，但他们却是哪里有纸屑扫哪里，看着表面没有脏东西的地方就算了。这个思路反映到成长上，很可能是别人关注的事情就好好做，别人不注意的就放弃。没有劳动思维，不按照规律和方法来做，就有可能想怎么来就怎么来。

还有些孩子的家境富裕，家里有保姆，在家从来不做家务。他们甚至认为家务劳动只是某些阶层的人才做的。如果这种一些人凌驾于另一些人之上的观念进入他们的内心，将非常可怕。

另外，有些家长表示，"我如果用钱鼓励，孩子就会做家务，可是如果不给他钱，他就不做。"青少年研究所的专家说，"不要用钱哄着孩子做家务，要使孩子做家务变成一种自觉自愿的行动。对孩子的劳动，最好的报酬是当着别人的面给予表扬，抱一抱、亲一亲，或说声谢谢。"

尹建莉也说，"我非常不赞成用金钱或物质鼓励孩子做家务。家是讲亲情的地方，不能讲金钱关系，将做家务物质化会冲淡亲情。在这样的环境中长大的孩子，长大后对亲情也会非常淡漠。有些人可能会说美国很多家庭就是这样做的，但这不一定值得效仿。一些美国孩子长大后与父母的关系比较冷淡，从这个角度看也不是没有关系的。"

因此，当孩子以一种自愿的方式和我们一起做家务时，我们将有更多的时间与孩子相处，增进亲子感情，孩子也会从中体会、了解我们的辛劳。此外，利用这段时间，听孩子诉说一些快乐或不如意的事情，也可增进我们对他的了解。

在培养孩子做家务的过程中，我们还应该注意以下几项：

给孩子提供选择的权利

给你的孩子提供一份所有他能够做的家务清单，让他自己选择其中的一两项工作，让他感到自己拥有选择和控制的权力，从而心甘情愿去做自己选择的工作。

把任务细化，并给孩子做示范

像"把你的房间收拾好"等话可能会让孩子困惑并挫败孩子的积极性。我们应把一个任务分拆成几个步骤（把玩具装进玩具箱里，把书放到书架上摆整齐，等等），这样他才会确切地理解我们的要求。另外，我们应该亲自给孩子做示范，回答他所有的疑问，直到他能够独立完成。我们的耐心是非常至关重要的，即使他忘记了某个步骤，也不要批评他，耐心地提醒他，直到他记住为止。

给孩子提供合适的工具

不要给孩子一把比他还高的扫帚，给他一个小小的扫帚用来把案板上的面包屑清扫干净。

给孩子做个好榜样

我们千万不要当着孩子抱怨做家务的繁琐和无聊，这会给孩子传达一个信息，做家务是一件非常可怕的事。我们应尽量让孩子认识到，帮助大人尽快做完这些事，就可以留出更多的时间陪他一起玩。

不要追求"完美主义"

对孩子来说，积极地参与比起结果来说更为重要。如果你的孩子洗的袜子不够干净，擦的桌子不够亮，不要去批评他的劳动，批评会挫败孩子的自尊，更会降低他与人合作的意愿。如果某项工作要求每次都必须完成得尽善尽美，那这绝对不是一项适合孩子去做的工作。

我们应尽可能地为孩子创造一种环境和条件，对孩子进行早期劳动训练，让孩子做力所能及的事情，让孩子拥有一双勤劳的手，会使其终身受益。孩子在体验中长大，体验越多，感受越深。凡是孩子能做到的事情，我们尽量不要替他去做。孩子进一步，大人退一步，这就叫成长。

6. 教孩子控制购买欲，养成良好的消费习惯

前一阵，一位美籍华裔女孩炫富走红网络。这位女孩名叫孩 Dorothy Wang，能说一口流利的中文。她的家族从中国台湾开始发展，后来发展到美国，在中国大陆市场经营百货零售和酒店等业务，净资产数十亿美元。Dorothy Wang 住在有着"全世界最尊贵住宅区"之称的美国洛杉矶比弗利山庄。她经常在网上晒奢侈品、顶尖美食、精品派对、私人飞机，宣称自己是"快乐失业者"，未来的打算就是继承家族企业。

面对网络炫富现象，总会惹来网友的板砖一片。网友们普遍认为，网络

炫富行为分明就是把无知当作个性，是生活庸俗化的表现。炫富是心理在作怪，我们从小就应培养孩子树立正确的金钱观。

英国哲学家培根有句名言："金钱虽然是好仆人，有时候也会摇身一变，变成坏主人。"事实上正是如此，许多生活在富裕家庭的孩子由于缺乏理财教育，反而对金钱有一种依赖，从而失去了生活的能力。而生活在贫穷家庭的孩子，由于经常需要精打细算，反而对金钱有一种强有力的控制能力，结果，两种孩子的命运非常不同。

卡耐基说过："不要以为富家的子弟得到了好的命运。大多数的纨绔子弟做了财富的奴隶，他们不能抵制任何的诱惑，以至陷于堕落的境地。要知道，享乐惯了的孩子，绝不是那些出身贫贱的孩子的对手。一些贫苦的孩子，甚至穷苦得连读书的机会也没有的孩子，成人之后却成就了大事业。一毕业就投入社会的苦孩子，开始做着非常平凡的工作。可这些苦孩子也许就是无名英雄，将来能拥有很丰富的资产，获得无上的荣誉。"

在当今市场经济的新形势下，我们每个父母都很有必要让孩子从小就树立正确的金钱意识，懂得金钱需要用劳动去获得，而且要学会节约用钱，绝对不能一掷千金地挥霍，从小就要有意识地培养孩子自主理财的能力。实际上，理财教育只是一种工具和手段。教育的目的并不是让孩子学会攒钱，或一定要让他经商，而是要让他成为一个能干的、健全的、真正的人。

从眼前来看，要让孩子养成不乱花钱的习惯；从长远来看，培养孩子的理财能力将有利于其及早形成独立自主的生活能力，从而在社会中具有可靠的立身之本。因此，理财教育从本质上来说还是品质的教育。因为这关系到孩子将来以什么态度去从事那些与钱财有关的活动，也关系到孩子在生活中为人处事的价值观。

雅各布斯是一位白手起家的美国建筑业巨头。在他预计自己将要离世前的一个傍晚，他和妻子在家中与三个女儿就自己的巨额财产如何处理的问题进行了一次严肃的谈话。

雅各布斯慈爱地对女儿们说，他决定不留很多钱给她们。然后，他给女儿们讲了很多人生的道理，谆谆教诲她们要学会自立，自己去创立人生和财富。在得到女儿们的赞同后，他签字把自己的大部分财产在自己死后捐献给慈善事业，每个女儿只得到 100 万美元，而这只是他巨额财产中很少的一部分。

乱花钱是许多孩子尤其是独生子女普遍存在的问题。许多父母对孩子宠爱有加，孩子要什么就给什么；许多孩子吃要最好的，穿要名牌的，家长总是宁愿自己节约，也要省下钱来满足孩子的愿望。他们总是说："唉，为了孩子。"于是，孩子就变本加厉，内心的欲望不断膨胀，这样不仅父母无法承受，孩子的心灵也会被金钱所扭曲。

上海最近进行的一项调查显示，绝大多数的孩子都有零用钱，九成以上的孩子存在乱消费、高消费、理财能力差的问题。随着独生子女的增多，一些孩子在消费方面存在很多问题，比如不知道钱财来之不易，花钱大手大脚，盲目攀比名牌时尚等，这都不利于他们健康成长。

与发达国家相比，我们的孩子的理财教育相对比较欠缺。许多发达国家的父母从孩子 3 岁左右就开始对他进行理财教育，认为培养孩子自主理财的习惯，最主要的是要让孩子正确理解金钱。要让孩子认识到金钱在生活中是必需的，要得到想要的东西就必须用钱交换；要让孩子认识到自己所花的钱都是父母辛辛苦苦用劳动换来的，不是想要多少就有多少的；要让孩子认识到钱不是万能的，金钱并不能买来亲情、健康、生命等人生最重要的东西。

那么，在日常生活中，我们应该怎样来培养孩子理财的习惯呢？

给孩子钱要有节制

教育专家指出，不论自己的经济条件如何，父母在给孩子零用钱时，一定要有节制，不可随意多给，也不要有求必应，要把钱的数额控制在孩子有能力支配的范围之内。给多少钱应根据孩子的日常消费来预算，比如主要包括餐费、交通费、购买学习用品的费用、必要的零食费等。

一般来说，从孩子小学一年级开始就可以给孩子一些零用钱。最好的方法是每星期的同一天，给孩子同样数目的钱，这样可以使孩子做到心中有数。随着孩子年龄和责任心的增长，给孩子的零用钱也可逐步增加。当然，我们所给的钱应该比预计的要稍微多一些，比必须要花的钱多 10%，这样可以让孩子在支配时有一定的灵活性。

教育孩子有计划地花钱

当孩子手中有了一定数目的钱时，我们要教孩子科学合理地使用。许多孩子的毛病就是父母给多少就花多少，花完了再向父母要。针对这点，我们要督促孩子制订一个合理的消费计划，当然，消费计划主要由孩子来制订，比如我们在给孩子钱的时候，可以提出一个支出原则，让孩子自己去制订计划，我们不要干预孩子制订计划，但是要对孩子的计划进行监督、检查，看看孩子是否根据计划合理地使用零用钱。通过我们的指导和监督，孩子就会提高理智消费的能力，能够有所节制地花钱。

经常性地让孩子来持家

在现实生活中，我们应该给予孩子一定的机会去买菜、交水电费和电话费等，让孩子知道家里的钱是怎么花出去的，同时让孩子知道一个家庭的必要开支，体验到生活的艰难。我们在平时买东西时，也可以带着孩子，在不断的比较、挑选中，让孩子理解金钱的价值，从而培养孩子爱惜金钱的良好品格，有效避免孩子胡乱花钱的坏习惯。

另外，我们要让孩子控制自己花钱的欲望。专家埃斯特斯说："适当地拒绝孩子很重要，即使你完全是可以满足他的。必须让孩子知道，不是想要什么就能得到什么。例如，许多小孩子喜欢吃冰激凌，如果买一杯要花 2 元的话，家长就可以告诉他：你想吃，可以，但是今天只能给你 1 元，等到明天再给你 1 元，你才能买来吃。"

7. 好孩子贵在有好"礼"

一个懂礼貌的孩子，走到哪里都受人喜爱。礼貌是教养的象征，在孩子的教育中，教孩子礼貌是非常重要的。但是很多家长却"强制"孩子懂礼貌。一位妈妈带着女儿出去玩耍，在路上碰到了隔壁的一位阿姨，妈妈便让女儿向这位阿姨打招呼。然而这个孩子却是一脸不情愿，妈妈越催她，她越是紧闭着嘴巴。妈妈顿时觉得自己脸上无光，当着隔壁阿姨的面指责道："这孩子真不懂事，平时都惯坏了。"

在生活中，这种场景很常见，比如走在路上，坐在电梯里，爸爸妈妈碰上熟人了，让孩子叫叔叔阿姨什么的，孩子不但不叫，还一个劲儿地往后躲，于是被认为是"没有礼貌"的表现，家长觉得很"丢人"，说不定还要批评孩子几句。但家长往往没有意识到一个问题，你认识的熟人，不见得孩子也认识，你喜欢跟熟人打招呼，不见得孩子就喜欢打招呼。如果强迫孩子给不认识的"熟人"打招呼，一方面是不尊重孩子的意愿，另一方面，孩子可能会被吓住，因为陌生的环境、陌生的人都会让孩子紧张。

尹建莉强调所谓礼貌的培养，首先应该是成人学会对孩子有礼貌。如果我们对孩子非常不礼貌，用强迫的手段逼他学会"礼貌"，这无疑是一种悖论。家长应该允许孩子在小的时候，如果见到陌生人，不想说话，不想打招呼，完全随他，不勉强，不强迫。

有时候，家长说让孩子学会见人打招呼，是培养孩子的礼貌，其实可能更多是顾及自己的面子，怕别人认为孩子"没家教"。如果抱着这样的目的和心态，那么所谓的"培养礼貌"就只是为自己要面子找一个漂亮的借口，和孩子无关。

教孩子懂礼貌的前提一定是家长从小尊重孩子。小时候被尊重的孩子，长大后走上社会，自然礼貌得体。如果小时候逼迫他做了太多不愿意做的事，这对孩子礼貌的养成不见得是一件好事。也许他口头上学会了强扮笑容，学会了说叔叔好、阿姨好，内心反而会有抵触，因为他从小是被别人强迫的，而被别人强迫的童年，长大后可能会有一个走向极端的逆反。

一位知名的教育专家始终把孩子看成是平等的人，对孩子极其尊重。一次，他带孩子出去玩，碰见了自己的朋友，他和孩子说："妞妞，这是小王叔叔，是爸爸的朋友。"然后又跟朋友说："这位是我的女儿妞妞。"

这位专家说，如此一来，孩子能够明显感觉到被尊重，就能很快放松下来，你不需要教他叫人，他在这样的环境和氛围中会自发地表达礼貌。

有的家长也表示，孩子在小的时候非常有礼貌，见到谁都会打招呼，可慢慢长大后见人都是冷漠无语，即便父母非常尊重他，平等地对待他，他依然缄口不言。针对这种情况，心理学家指出，从儿童的发展特点来看，一两岁的时候，语言快速发展，交流能力突飞猛进，这个时候，很爱说话，并且希望得到别人呼应。当孩子说一声"你好"，看见别人高兴地笑，或者回一句"小朋友你好"，他就非常有成就感。

到了孩子 3 岁左右，逐渐扩大了视野，有一定的社会经历。这个时候，他会出现一定的防备心理，对外人尤其是陌生人有一定的警觉性，甚至还有敌意，他自己在试探"安全"和"危险"。所以，这个时候，他比较敏感，又显得有点畏缩。孩子的这种表现是很正常的，因为他有警觉和防备，知道通过沉默来自我保护，这是好事。

另外，孩子如果不能从内心理解"礼貌"，那么他就不会表现出"礼貌"。孩子是最真实的，不会掩饰，不会伪装。

那么，我们该如何让孩子自发地和别人打招呼、表示礼貌呢？

说明打招呼的理由

孩子成长是一个社会化的过程，在这个过程中，他需要学会与人交往。所以，我们可以借助讲故事、看图画书和生活中的场景启发孩子：熟人间打招呼是一种礼仪，表示一个人懂礼貌、有修养，是每个人都应该做的，它能使我们成为一个受欢迎的人；而且，打招呼之后，问候的和被问候的人都能感到愉快。

了解孩子的想法

教子的前提是"知子"。我们不妨先问问孩子是怎么想的，然后告诉他具体怎么做，比如让孩子说说在见到的人中喜欢谁，引导其在下一次见面时主动问候这个人。如果孩子能迈出这可喜的第一步，接下来拓展到一次向两个人问好，逐渐适应问候更多的人。当然，在这个过程中，我们要真诚地做表率，以自己的热情感染孩子。

如果出现孩子不愿招呼的局面，以转移话题的方式代替指令性的语言，引导孩子开口说些他感兴趣的事，才是我们明智的做法，因为反复的提醒和批评可能使大家都面临更为严重的尴尬境地，还容易强化孩子的这个行为。

留出一点适应时间

让害羞的孩子开口问好，不能硬来。如果孩子表现得很坚决，父母与其不停地劝说、命令，还不如与朋友、同事、邻居达成一致，不要求孩子向他们打招呼。但是，父母和这些熟人碰面时，要表现出应有的热情和友好，并不厌其烦地一次次把他们介绍给孩子，再把孩子介绍给他们。一段时间之后，孩子将会发自内心地接纳他们，并从父母身上学会自己该怎么做。

帮孩子找到突破口

害羞的孩子需要较多的尝试与时间来适应新的环境和外人。在某些场合，孩子也想打招呼，却又不知道如何开口，这就需要父母慢慢引导，帮他寻找方法，找到突破口，比如见到同事，我们可以对孩子说："想想看，她是哪位阿姨？你应该对她说什么呢？"引导孩子说出"阿姨好"。如果孩子说了，即便声音很小，也要及时表扬，并鼓励他："妈妈相信你下次问阿姨好的时候声音一定会比这次大，对不对？"以此给孩子增强信心。

对孩子的礼貌教育，我们作为父母应该以身作则，给孩子做一个好榜样。如果我们自己不文明，而去要求孩子讲文明，这是不公平的。孩子会模仿大人的说话方式，所以我们要时刻注意自己的言行，说话多用"谢谢""不客气"等谦辞。

8. 孩子没有耐心，如何让坚持成为一种习惯

法国微生物学家巴斯德说："告诉你使我达到目标的奥秘吧，我唯一的力量就是我的坚持精神。"的确，坚持就是胜利。这正是如今许多父母发愁的原因：现在家庭生活条件好了，孩子很少吃苦，心浮气躁，做事缺乏耐心和毅力，不能持久，常常半途而废。看到别人游泳吵着要去，结果游了两次就再也不下水了；看到别人玩直排轮的溜冰鞋，摔了一跤，就再也不穿溜冰鞋了。

意志薄弱是当前孩子普遍存在的问题。德国教育家威特说，作为父母，应该把培养孩子学会坚持不懈作为一项重要内容。有恒心、有毅力、坚持不懈是一种良好的心理品质，而这种心理品质不是生来就有、自发形成的，而是在教育和实践过程中，经过锻炼与培养逐渐形成的。

家庭教育指导师刘称莲说过这样一个故事：

她的女儿从小爱玩拼图，在幼儿园时拼的是几块到几十块的，上小学以后，她就开始拼 500 块甚至 1000 块的拼图了。

因为那些图块数多的拼图比较难，女儿便邀请妈妈和爸爸帮忙。到后来每次买回来新的拼图，他们一家总一起上阵在地板上拼。然而拼 500 块或者 1000 块拼图很少能一次性完成。起初，他们会把一次拼不完的拼图打乱收起来，下一次再重新拼。

后来，刘称莲想了个办法，找来一块薄木板，在那上面拼，一次拼不成，就分多次完成。让刘称莲印象深刻的是拼一个《米老鼠之家》的画面，需要1000块拼图。他们把拼好的部分和未用的小块都集中在木板上，木板就放在地板上，她的女儿一回家或者写完作业就会趴在地板上拼一会儿，刘称莲和先生有兴趣也随时去拼几块。经过一个月，那些拼图终于变成一幅完整的图画。看着漂亮的画面，她的女儿高兴得手舞足蹈。

刘称莲说，一个拼图虽然花费了很长时间才拼成，但这无形中让女儿懂得只有善始善终，才会获得真正的成就和快乐，也让她懂得了"坚持就是胜利"的道理。

其实，许多孩子没有耐心，做事情"三分钟热度"，是因为家长自己做事也是虎头蛇尾。所以，要想让孩子有耐心，我们首先要有耐心去做每一件事情，比如晚上我们可以跟孩子一起学习。当孩子不断地起身、坐下时，我们要坚持看书，孩子见我们能够耐心地看书，也能受到一些感染。

另外，我们在要求孩子做一件事情之前，要先跟孩子约好这件事必须耐心地做完；如果没有完成，不仅需要补上没做完的，而且还得再增加时间来处理相关的事情。这样，孩子就能够有计划地去做事，也能够在一定时间内耐心地把事情做完。

《美国家庭的卡尔·威特教育》一书的作者米德尔顿在书中介绍了一种"三分钟耐心训练法"，这种方法被证明是训练孩子耐心的好方法。

帕萨特是一个缺乏耐心的孩子，他只爱看电视和玩游戏，对书本不感兴趣。一天，帕萨特的爸爸拿着个沙漏告诉他说，这是古时候的钟表，里面的沙子全部漏下去时，正好是3分钟。帕萨特很想玩这个沙漏，这时帕萨特的爸爸说："以沙漏为计时器，你听爸爸讲故事，每次以3分钟为限。"帕萨特很高兴地答应了。

第一次，帕萨特果然静静地坐下来听故事。但事实上他根本没有留意听，而是一直看着那个沙漏，3分钟一到，便跑去玩了。但是帕萨特的爸爸没有气馁，他决定多试几次。这样数次之后，帕萨特的注意力渐渐由沙漏转移到故事上了。

虽说约定 3 分钟，但 3 分钟过后，因为故事情节吸引人，帕萨特听得特别入神，他要求延长时间，但帕萨特的爸爸坚持"3 分钟"约定，不肯继续讲下去。帕萨特为了早点知道故事情节，就自己主动阅读了。

帕萨特的爸爸用了一种循序渐进的训练，对孩子进行潜移默化的教育。这实际上是通过孩子感兴趣的东西，使孩子的注意力在一定时间内专注于某一对象，久而久之，孩子形成了习惯，也就提高了耐心。

在日常生活中，任何小事情都可以用来培养孩子的耐心，比如洗碗、擦桌子、收拾房间等。刚开始，孩子会漫不经心地边做边想玩，这时我们可以站在一边督促孩子，让孩子用心地去做，直到他把碗洗干净、桌子擦干净、房间收拾整洁。要让孩子明白，任何事情都要耐心去完成。

在经历过小事的锻炼后，我们应有意识地给孩子设置一些障碍，为孩子提供一些克服困难的机会。因为耐心是坚强意志磨炼出来的，越是在困难的环境中，越能锻炼孩子的耐心。这时，我们要鼓励孩子做事不半途而废。孩子经过努力完成一件事时，我们应当及时给予表扬，强化孩子耐心做事、坚持不懈的好习惯。

下面还有几种方法可以帮助我们培养孩子坚持的好习惯。

与孩子一起制定目标

孩子心里有了目标，就会为实现目标而去努力，从而激发其坚毅、顽强的意志和战胜困难的勇气。我们应指导和帮助孩子制定短期与长远目标，使其有努力的方向。

分解任务慢慢来

任务太多太难，孩子就会望而生畏。对于一些难度较大的任务，可以分解成一个个小目标。完成一个小目标，我们就给予一点鼓励，这样孩子就能坚持下来了。

以身作则当榜样

我们如果做什么事情都不轻言放弃，那么这种精神就会传递给自己的孩子。也可以经常有意给孩子讲一些古今中外的名人故事，孩子就会自然而然地向故事中的榜样靠拢。

设立"坚持不懈"奖

对那些持久性特别弱的孩子，一个最有效的办法就是设立一个"坚持不懈"奖。一旦孩子做事有始有终，就给予一定的奖励。不过，奖励也要适度。

在孩子遭到挫折之后，要多和孩子说"坚持住，别放弃"，告诉孩子，坚持是一种高贵的品质，让孩子把坚持当作一种必需的过程，坚持把每一件小事情做好，积少成多，坚持到最后。坚持也许很辛苦，但终会有所收获。

9. 教孩子注重团队合作，集体的力量胜过个人

现代社会正处于知识经济时代，团队精神在竞争中越来越重要，很多工作需要团队合作才能完成。只有能与人合作的人，才能获得生存空间；只有善于合作的人，才能赢得发展。一个懂得合作的孩子成人后会很快地适应工作岗位的集体操作并发挥积极作用，而不懂合作的孩子在生活中会遇到许多麻烦，产生更多困难，并且无所适从。

奥地利心理分析家阿德勒认为，假使一个儿童未曾学会合作之道，他必定会走向孤僻之途，并产生自卑情绪，严重影响他一生的发展。可见，孩子学会交往与合作是多么重要。

合作是孩子在未来适应社会、立足社会不可缺少的重要因素。然而，如今大多数孩子都是独生子女，是家里的"小皇帝"，被一家两代甚至是三代

人宠着。过度的呵护与溺爱，让很多孩子做事往往以自我为中心，唯我独尊，缺乏团结协作精神。这都是现在孩子心理品质上的弱点，而通过人际交往和孩子间的必要合作，则能够改变和矫正这种不良的心理品质。

对孩子加强合作性的训练，是形成一个健康向上的集体的必要条件，也可以为孩子良好人格的形成打下坚实基础。但培养孩子的合作精神绝不是一日之功，它需要我们家长精心地教育和情感感染。

几位大人带着自家的孩子去郊区游玩。中午的时候，大家一起在一个农家院吃饭，几个孩子先吃完去院子里玩去了，可是没过一会儿，大人们就听到了争吵。一位爸爸说出去看看，原来，一辆三轮车引起了几个孩子的注意，争着抢着要骑，但因为年纪小，一个人又不能把车骑走，必须有两个人在后面推才行，但是没有孩子愿意在车尾推。于是就吵了起来。

这位爸爸看到这个情形后，并没有要求孩子们应该怎样做，而是对他们说："你们可以商量一下，看看怎么样大家都能高兴，又能把车骑走。记住，一定要注意安全哟！"

过了一会儿，这位爸爸再出去看，孩子们已经玩得不亦乐乎。原来他们经过商量，最后达成了一致，轮换着在前面骑，轮不到的暂时在后面推。这样，在后面推的人卖力，在前面骑的人高兴，皆大欢喜。

我们还可以在日常生活中，有意无意地让孩子体会合作的乐趣，比如当打算去野营的时候，可以分工，妈妈负责去超市购买食物，爸爸准备烤肉的炉子，孩子负责准备餐具和调料，如果有两个孩子，那就一个负责准备餐具，另一个负责准备调料。各自准备期间，爸爸妈妈可以提醒孩子列一个清单，以免忘记了某一样东西。

但是，我们最好不要过多干涉孩子的准备工作。这样，即便到最后，孩子因为疏忽而忘记了一种调料，那么他也会因为这次不够圆满的野炊而把自己的行为当作一次教训记住，而且这样的经验教训通常是深刻的。

再比如玩游戏时，不与孩子配合，让他一个人玩，他就会体验到一个人玩的无趣，希望有人与自己一起玩。这也能让孩子体验与人合作的重要性。

总之，我们应该充分利用生活中的一切机会教育孩子。

让孩子懂得与人合作的意义

在日常生活中，有许多事情必须两个或两个以上的人合作才能完成，只凭一个人的力量是无法做到的。我们可以利用某种机会让孩子体验一下个人无法完成的挫折感，从而懂得与人合作的重要性。

让孩子学会悦纳别人

所谓悦纳别人，是指自己从内心深处真正地愿意接受别人。从实质上来讲，合作是双方长处的展示，也是双方短处的相互遏制。所以，要让孩子认识到别人的长处，赏识别人的长处，这样才能很好地合作。我们可以通过故事并结合自己的言行让孩子逐渐地明白每个人都各有所长，各有所短，比如一本好的书就是由作者、编辑和设计师通过合作之后的结晶。让孩子明白，不要嫉妒或是轻视别人的长处，也不要对自己失去信心，而是善于互相利用彼此的长处，从而达到共同的目标，实现双赢。

让孩子多参加集体活动

孩子老是一个人"独处"，当然不会感受到人与人之间的互帮互助究竟有什么力量和神奇之处。让孩子到集体中去，在集体交往中才能增强团体合作意识，掌握处世艺术，形成乐观、大方、宽容、团结等优秀品质。让孩子从集体中来，带着合作意识去主动帮助别人，也得到别人善意的帮助。

鼓励孩子多参加体育运动，比如足球、篮球等，体育运动既有两个团队之间的对抗与竞争，更有团队内部的协调一致，所以非常有利于培养孩子的团队精神与竞争力。对于不合群的孩子，更应该争取各种机会，让他们参加到伙伴群中去。当孩子的朋友来家玩时，要热情接待，并给以一定的尊重和必要的礼节。

　　此外，当孩子表现出合作行为时，我们可以用相机为孩子拍下"友好的一幕""合作的成果"，尤其是引导孩子比较这次合作的成功与上次不合作或不能很好合作的不成功，比如通过前后两次孩子合作的不同结果，我们可以问孩子，上次为什么失败，这次怎么成功的，引导孩子在实践中体会合作的快乐和必要性。

第 8 章

更好的陪伴，绝非只看时间的长短

1. 围着孩子转 ≠ 高质量陪伴

我们都知道陪伴孩子对于塑造他的性格和培养他的安全感是非常重要的，不过不知道从什么时候开始，带孩子成了妈妈们最大的负担，大家纷纷抱怨：我整天陪着孩子，真的累死了，可孩子好像还不满足一样！到底想要我怎么样？

有孩子之前，曼丽是一个光鲜亮丽的职场女性。成为全职妈妈后，曼丽所有的时间都围着孩子转。让曼丽下定决心回归家庭的原因之一就是她曾在育儿书上看到"孩子需要妈妈高质量的陪伴，每天至少 1 小时"这句话，如果她依旧做女白领，那么就没时间陪孩子了，哪里还谈得上高质量的陪伴呢？可以说，曼丽觉得她为了实践新教育理念，付出了很多很多。但是面对孩子身上的害羞、不自信等问题，曼丽仍是忍不住要问：难道是我的陪伴还不够高质量吗？

陪同不等于陪伴。很多父母都像上面故事中的妈妈一样，为了时时刻刻都能陪着孩子，不惜辞掉工作做全职妈妈，就是想要花更多的时间在孩子身边，所以就出现了这种现象：妈妈随时都跟在孩子左右，散步、逛商场、写作业……孩子在哪里，妈妈的身影就跟在哪里，乃至于全家上下都围着孩子转。

可是围着孩子转也不等于高质量的陪伴，它只是陪的时间长而已。何为高质量的陪伴？一向重视亲子教育的西方社会将其称为"Qaulity Time"，即排除工作干扰和外界杂物，专心地与孩子亲近、互动的宝贵时光。心理学家认为，它与时间长短、频率多少都没关系，关键在于是否用心，要让孩子感受到快乐、安全，而且陪伴的过程是有趣好玩的，不会给孩子带去精神压力。

心理学家建议，我们可以和孩子一起玩游戏，但过程要由孩子主导，家长不要出现教导式语言。另外我们还要多做语言交流，孩子出现情绪的语句时，表达理解和接纳，不去指责批评，因为此时孩子需要的是感受到家长的关怀与理解。

另外，还有一些职场妈妈每天要上班，工作很忙，所以陪孩子的时间很短，她们对此很愧疚，觉得自己没有照顾好孩子。尹建莉说，陪孩子质量重于数量，和孩子相处时间固然重要，但并不是越长越好。只要利用好时间，一样会起到很好的效果。

主持人杨澜工作非常忙，可谓一个"空中飞人"。在这样的情况下，她依然能够成为孩子钢琴学校里出勤率最高的家长之一，并且在儿子8岁之前陪着他游历了15个国家，这让人非常惊讶。

如今的杨澜经常在北京、上海、香港三地飞来飞去，但为了多一点和孩子在一起的时间，每次出差，她都会安排儿子到机场接送。回到家中，杨澜即使再累再忙，都会抽出时间和孩子交流，耐心地和他说话，认真倾听他说的每一件事，全身心地进入他的世界。

拥有10年幼儿教育经验的陈平老师认为，职场妈妈完全没必要因为工作陪不到孩子而感到不安，相反，职场妈妈唯一要做的是给予孩子高质量的陪伴。陈平说："就我的观察，职场妈妈与全职妈妈养育出来的孩子并没有差别。反倒是职场妈妈因为自身与社会接触更密切，能够在思维方式和为人处世上给予孩子更加积极的引导。"

陈平说，作为职场妈妈，没有大把的时间来陪伴孩子，那就不妨将爱倾注在每个细微的时刻，每天保证有 15~30 分钟的时间，放下手头所有的事情，用心陪伴孩子、与孩子互动，这样亲子之间的亲密关系就很容易建立起来。

那么，职场妈妈如何利用碎片化的时间来高质量地陪伴孩子呢？

上学 & 放学的时间

不要小看每天接送孩子的时间，如果充分利用，也是一个愉悦的体验。

如果步行，我们可以一边走，一边跟孩子聊聊今天自己的工作，或者孩子的老师、同学们的趣事。

如果开车，我们可以让他先记住沿途熟悉的风景又有了哪些变化，回头再告诉我们。

如果因为时间关系，我们不能每天接送孩子，偶尔可以给他一个小惊喜，先跟老师说好，中午接他出来吃顿大餐，或者在一个特别的日子满足他的一个心愿。

准备晚餐的时间

准备晚餐的时间也是美妙的亲子时间。我们可以请孩子帮忙收拾桌子、摆放餐具。还可以给大一点的孩子准备一个他自己的"操作台"，并给他配专门的菜板和不太锋利的刀子，让他跟我们一起切蔬菜水果。

我们和孩子一边做饭，一边聊天，告诉他胡萝卜里有维生素 A，吃了会让眼睛变得明亮；大蒜能把我们身体里面的细菌杀光……这既消除了工作一天之后跟孩子的距离感，又给孩子生动地上了一堂营养科普课。

晚餐后的时间

如果每天晚上 7 点吃晚餐，9 点睡觉，那么这两小时的时间完全可以好好安排一下。天气好可以一起出去散步、运动。如果刮风下雨不适合出门，那就可以在家下下棋、打打牌，总之不要把当父母的责任交给电视机。习惯了去健身房的爸爸妈妈还可以带着孩子一起去。大人能健身减肥，孩子也能从小培养良好的运动习惯。

洗衣服的时间

男孩一般都比较淘气，明明刚换的一身新衣服，不到 10 分钟就弄脏了。家长说了无数遍也不管用。最好的办法就是让他跟我们一起洗衣服，泡一泡、搓一搓，让他知道，原来洗干净一件衣服需要花费这么大的力气。这样他下次在玩闹的时候就会有些顾忌，懂得爱干净。

不过让他跟我们一起洗衣服的时候，一定要分配任务给他，是负责洗小袜子还是小手帕，不然很有可能把洗衣服变成一场玩水游戏。

处理杂务的时间

家里总是会有杂七杂八的事务，比如交水电费、燃气费，去银行取钱，排队买东西等。我们做这些事，往往是见缝插针地挤时间去做，其实完全可以带着孩子一起。只不过原来你 5 分钟可以搞定的事情，带着孩子就可能需要 30 分钟。那也没关系啊，你们因此还多了一段独处的亲子时间。孩子是很享受跟大人一起去"办事"的过程。

带孩子出门办事的过程中，我们要记得以身作则，给孩子树立好榜样，不插队，有耐心，并对办事人员礼貌客气，这些都会被孩子印刻在记忆里。

爱的样子有很多种，高质量陪伴也不必拘泥于时间和形式。我们虽然不能时刻陪伴在孩子身边，但依然有一些办法可以让我们更高效地处理问题，成为孩子心中最棒的父母。

2．你不是在陪孩子，你是在玩手机

近来，一张图和一篇作文走红网络，随之而来的就是父母应如何陪伴孩子的话题成为人们热切讨论的内容。这一张图描述的是在地铁上，一位爸爸抱着自己的小女儿，并亲切地和大女儿交谈着什么，而在他们旁边，一位妈妈带着自己的儿子各自玩着手机，互不理睬。而走红的作文，是重庆一名小学生写的，名为《爸爸看手机》："我的爸爸很爱看手机，每次有空他都会拿出手机来看。有一次，我叫爸爸进来跟我一起看书、玩、画画，可我叫完后，爸爸没听见，还是没有进来，害我叫了很久很久，终于把爸爸叫进来了，爸爸进来的时候还拿着手机……"

我们会发现，越来越多的父母对手机的热爱几乎甚于对孩子的关注，很多现代家庭甚至都出现过这样的现象：下班了，一身疲惫的爸爸回到家一屁股陷进沙发里开始不停地玩着手机，忙着给甲乙丙丁点赞、评论，而妈妈更热衷于将孩子的生活点滴公之于朋友圈，收获着戊己庚辛的点赞评论。反倒是孩子，则成了夫妻二人之间最大的忽略和尴尬。

美国波士顿医疗中心曾经做过一项研究，结果发现，几乎所有的孩子都很反感父母沉溺于手机。事实也证明，当父母花更多时间关注手机时，多数孩子变得焦躁不安，并试图通过自己的行为引起父母的注意。"孩子成长过程中的许多问题都源于父母对孩子的忽视。"育儿专家王理表示，导致孩子出现哭闹、打人、摔东西、过度黏人等常见问题的一个重要原因是，孩子缺乏存在感和安全感，以此方式吸引父母对自己的关注。

王理解释道，父母的陪伴是孩子获得安全感、归属感和价值感的根基。养育中，唯有与孩子长时间相伴，父母才可能把自己的信念、价值观等传递给孩子，帮孩子成就自己的信心、勇气和力量。而在陪伴中，孩子才能感受到父母无条件的爱，获得安全感、归属感和价值感，构建起独立的人格特质和与父母稳固的依恋关系。

不过，专家也提醒家长，要防止发生"陪而不伴"的现象，成人认识世界靠思考，而孩子是靠感受探索世界的，如果边陪孩子边玩手机或电脑，孩子的思维模式是：在爸爸心中，手机或电脑比我更重要。这种状况之下和爸爸单独待着，孩子会产生恐惧感。

俞敏洪说，要想不上网或者看电视，"最好的办法是你拿本书翻翻，只要书不拿倒了就行"。俞敏洪解释说，看书是为了给孩子营造一种学习的氛围。有一次俞敏洪在家做了一个试验，在家里不准玩手机、看电视和玩电脑，要求妻子和女儿一起跟他看书。一开始，儿子一个人在边上玩，最后玩着玩着发现自己一个人没劲儿，便也从书架上拿了一本书装模作样地看起来，尽管儿子当时还不识字，看不懂，但俞敏洪说"这就叫环境氛围"。

一项研究显示，爱玩手机的父母缺乏学习意识。因为他们觉得自己早就离开了学校，已经不需要学习了。所以平时下班回家、周末休息，他们不看电视、不玩手机便无事可做。学习本身就是一个无止境的过程，一个有远见的父母必然是注重学习的。他们有自己的追求，有清晰的人生规划，不仅注重自身的文化素养，也会时刻督促孩子汲取新知识。

其次，爱玩手机的父母忽视了榜样的作用。父母是孩子的第一任老师。但很多父母认为教育孩子是老师的任务，自己只需要把孩子送去学校。殊不知，孩子的很多行为都是从模仿开始的，而父母就是他最初的模仿对象。

爱玩手机的父母，意识不到自己的言行会给孩子带来什么影响。但是自己天天看电视、玩手机，却要孩子认真读书、努力学习；自己浑浑噩噩、得过且过，却要孩子发奋图强、出人头地；自己把生活经营得一团糟，却要孩子样样精通、无所不能。孩子被这样的不平等的观念所管制着，他怎么可能"优秀"呢！

合格的父母首先是一个好老师。他会严格要求自己，注意自己在孩子面前的行为和形象。所以，想当一个层次高的父母，请不要在孩子看书、做作业的时候，自己在旁边玩手机；也不要一边给孩子检查作业，一边时不时瞄两眼手机。即使真的有事情需要用到手机，也要尽量在孩子看不见的地方。

最后，爱玩手机的父母只会要求孩子。爱玩手机的父母自己每天混日子，半辈子碌碌无为，却想要孩子十年苦读出人头地；自己天天拿着手机玩，却要孩子认真学习。懂得教育孩子的父母首先会把自己跟孩子放在同一层面上看待，要求孩子的事保证自己也能完成。他们尊重孩子，允许孩子有不足，但也尽量让他变得更好。对于有追求的父母来说，教育孩子也是他们要求自己进步的过程。

很多父母往往不愿意承认自己整天拿着手机是不务正业，他们为此找了个冠冕堂皇的理由——工作。但实际上，真正需要依靠手机来完成的工作微乎其微，手机大部分时候仍旧只是传递信息而已。高层次的父母不会一边玩着手机，一边要求孩子努力。他们懂得手机的利弊，会控制自己，也会引导孩子。

那么，我们应如何控制自己少玩手机，更好地陪伴孩子呢？

退出微信

亮亮的妈妈说，"为了能多陪孩子，下班后，我直接把微信退出。"亮亮的妈妈之前也是手机不离身，不玩手机手就会"痒"。但是亮亮冲她吼："能不能不玩手机？"于是，知道自己做错了的亮亮的妈妈在陪孩子的时候就把微信退出了。

多去亲子游

家里有两个孩子的雨婷推荐父母多带孩子去亲子游。"这很能增进父母与孩子间的感情。因为旅途中父母与孩子的心情非常放松，交流起来非常容易。"雨婷说，陌生环境中，父母和孩子经常面临共同的问题，比如吃什么、住哪儿等，于是"不用常常玩手机"。

错峰换挡

一位早教老师建议，父母每天至少要抽出 15 分钟与孩子互动，无论玩耍、讲故事，还是一起看动画片。父母最好不要当着孩子的面玩手机，如确有工作需要，父母最好"错峰换挡"：爸爸忙时，妈妈放下手机陪孩子学习或游戏；妈妈需要用手机工作时，爸爸带着孩子做运动或玩游戏。

当然，我们把全部时间、精力都给孩子，这是不现实的。教育专家建议，在有关孩子的重要日子里，比如孩子的生日、第一天上幼儿园、家长会、运动会及各种传统节日等，父母最好和他在一起。不在一起的日子，父母也要通过电话、视频等与孩子交流与沟通。

3. 抽空与孩子一起看书，是成本最低的陪伴方法

很多父母都明白阅读的重要性，从小便给孩子买一堆又一堆的绘本、益智书，还不时地考一考孩子，看他读过没有，但那又怎么样呢？大部分时候，你坐在沙发上舒服地看着电视剧，却留下孩子在那里独自翻书、自言自语。如果父母一点儿都不喜欢看书，那孩子怎么会喜欢看书呢？

孙云晓在《好孩子好习惯》一书中提到过一次在广东佛山一所学校和小学生交流的经历，他问现场的 58 个学生：多少人的父母有读书的习惯？结果举手的只有 18 个。这让孙云晓很担心：40 个家庭的父母没有读书的习惯，这意味着什么呢？而由当当网发布的《2015 中国亲子共读报告》更是显示，有超过 4 成家长基本不陪孩子阅读。

孙云晓团队曾在全国做过调查，发现了一个规律性的现象：父母读书多，孩子读书也多。"儿童是在模仿中长大的，儿童的学习是观察性学习。如果

父母喜欢看书，孩子哪怕只有两三岁都会学着拿起书。"孙云晓经常被问及如何培养儿童阅读习惯，他最常说的答案是"父母带头读书"。

如果我们能把看电视、玩电脑的时间节省下来，和孩子一起做做游戏、散散步、聊聊天、看看书的话，家里肯定会变得欢乐和睦的。所以教育专家提出，让亲子关系更和谐，让家庭更温馨的好方法就是和孩子一起阅读，这种阅读方式也叫亲子共读。

教育专家还提出，一个称职的家长，无论多忙，每天总是能抽出时间给孩子讲绘本，一起读故事，和孩子扮大灰狼和小白兔；一个称职的家长，晚上无论有什么应酬，想起要给儿子讲侏罗纪公园，也要匆匆打声招呼往家赶；一个称职的家长，即使是被老板批、小人陷害、心情烦到极点，回家见到孩子拿着绘本来找他，也一样津津有味地给孩子讲半小时。

美国诗人吉利兰用诗一样的语言告诉我们，亲子共读在孩子课外阅读中起到了重要作用。吉利兰这样写道："你或许拥有无限的财富，一箱箱珠宝与一柜柜黄金。但你永远不会比我富有，我有一位读书给我听的妈妈。"

育儿专家优优曾看到这样一幕：一家三口躺在草地上，地上摆了一本《我爸爸》，一本《我妈妈》，那个儿子一会儿和妈妈读《我妈妈》，读到最后那句"妈妈爱我，我也爱她"时，他真的过去抱了抱妈妈，还在脸上亲了两下，说："妈妈爱我，我也爱你！"一会儿，他又和爸爸读《我爸爸》，最后又是如法炮制地对爸爸来了一遍。优优说自己真的被这一家人的其乐融融感动了！亲子共读原来这么酷，真让人向往！

"父母无论多忙，每天都应该抽出时间亲子共读，如果从小就让孩子养成好的阅读习惯，他们会在十三四岁时表现出更好的阅读能力与思考智慧。"上海妇幼心理专业委员会主任赵教授说，中外研究表明，幼儿阅读将影响他一生的素养。此外，亲子共读在无形中还增进了父母和孩子的感情，让亲子关系更加亲密、融洽。同时，通过阅读，我们也可以更好地了解孩子，从而知道孩子的想法和感受，并且懂得尊重他们。

很多父母经常感叹，孩子怎么开始叛逆了，孩子怎么这么不体谅父母的苦心？和孩子之间的代沟怎么越来越深了？我们只责怪孩子，却忘了自省。我们之所以和孩子有代沟，很多时候，就是因为我们只顾工作、赚钱，却忘了和孩子进行互动交流，忘了陪孩子。

而亲子共读恰好可以促进亲子间的互动，让我们和孩子有更多的机会交流情感，让全家一起度过轻松愉悦的欢乐时光。当亲子之间的关系和谐了，代沟也就缩小了。而我们也就能从共读的书中，找到和孩子交流的语言密码了。

米哈尔科夫曾说："无论孩子们的家庭和学校生活多么有趣，可是如果不去阅读一些美好、有趣、珍贵的书，就像被夺去了童年最可贵的财富一样，其损失将是不可弥补的。"很多成年人在回忆童年时，忘不掉的就是曾经阅读过的一本好书，那种沉浸在故事情节中的幸福感，是好吃的、好玩的都无法代替的。这种精神上的愉悦，远远比物质上获得的愉悦更令我们怀念，更能给我们留下美好的印象。

既然亲子共读那么重要，自然也要有适合的方法，以下几种办法，能让我们和孩子一起更好地阅读。

首要条件是"选好书"

"选好书"指的并不是那些经典故事或绘本，而是要根据孩子的特点和兴趣来选，特别在孩子阅读的初期，我们一定要进行精心挑选，综合美观、有趣、内容适合与否等各方面，尽量让孩子先对书有好感，才能进行更深入的指导。我们还可以经常带孩子去逛书店，给他一定的选择自由。

必要条件是"互动"

在与孩子一起阅读的过程中，我们要适时地和孩子进行互动。我们可以鼓励孩子把书中的情节和内容讲出来。同时我们也可以讲讲自己的想法，和孩子一起讨论、分析，多问孩子几个为什么，对他的"为什么"也不要不耐烦，要悉心解答，和他一起融入阅读的世界。

注意"因人施教"

这个"人"指的是家长。在与孩子一起阅读的过程中，我们要尝试根据家庭成员的特点制订计划，让他们各自负责不同方面的指导，比如理工类、科学类的书，像《十万个为什么》等，一般可由理工科比较强的爸爸负责（当然不排除妈妈更强），对于英文阅读，可由英文较好的妈妈负责，妈妈可以经常带领孩子一起看英文绘本，一起对话。

有的妈妈会说："孩子现在上小学了，功课都跟不上，哪有时间阅读啊！"也许孩子成绩差，就是因为他没有养成好的阅读习惯呢，就像苏霍姆林斯基说的那样：阅读是对"学习困难的"学生进行智育的重要手段。学生学习越感到困难、在脑力劳动中遇到的困难越多，他就越需要多阅读。

4. 陪孩子一起运动，不只是锻炼身体那么简单

前段时间，来自美国新泽西州的一对漂亮的母女——小姑娘米妮 4 岁，妈妈劳拉 36 岁，凭借一组美美的瑜伽照走红网络。母女俩经常在室外感受阳光的沐浴，同时也做着健康的瑜伽运动。刚开始米妮因为年纪小，难免动作不标准，但是身为妈妈的劳拉一点都不介意，反而细心指点和教导女儿。

虽然和妈妈做同步的瑜伽动作有些吃力，但是米妮却一直坚持着毫不退缩，劳拉对此感到非常欣慰。女儿一点一滴的进步，劳拉都看在眼里，而瑜伽也成为母女俩情感交流的桥梁，每一天都在增进母女间的感情。有时候米妮也会调皮地在妈妈身上做运动，她们时而嬉戏打闹，时而认真运动，画面温馨又有爱。

孩子的成长需要有健康、强壮的体魄做基础。如果我们能够引导孩子从小喜欢上体育运动，不仅有机会让孩子养成良好的运动习惯，拥有健康的身体，更重要的是为孩子的身心发展奠定良好的基础，通过体育锻炼培养孩子勇敢、顽强的精神。

当然，让孩子参加运动的意义并不在于培养多少体育人才，而是让孩子有机会到室外锻炼，让孩子有一个快乐健康的童年，让他养成良好的锻炼习惯，为他今后的人生打下基础。正如现在大力推广的校园足球活动，意义并不在于培养出多少足球明星，而是通过足球运动的方式，激发孩子的运动兴趣，培养孩子吃苦、勇敢、团结合作、尊重规则的意识。

与此同时，与孩子共同参与运动也能让家长更好地意识到体育运动对孩子身心健康的重要性，有些家庭甚至是在孩子的带动下全家都养成了锻炼的好习惯。我们对运动的理解和参与对孩子的影响很大。只有我们认识到运动对孩子健康成长的重要性，积极支持、参与孩子的体育活动，才能帮助孩子培养热爱运动的习惯和阳光、乐观的性格。

众所周知，杨澜的英语特别好，可她和孩子在一起时，从没正经做过什么英语辅导，杨澜把绝大多数时间花在并不特别擅长的体育运动上，和孩子一起滑冰，一起去体育场。有一次和女儿滑冰时，杨澜不小心摔坏了尾椎骨，可她养好了伤还是继续奔向运动场。后来，杨澜的孩子又喜欢上了动画片《网球王子》，提出要学打网球，杨澜不仅鼓励他们，自己也加入其中。杨澜发现，孩子更喜欢和他们一起运动的妈妈。为此，杨澜和孩子约定，一星期至少出两次大汗。

其实，运动和阅读一样，都要尊重孩子的身心发展规律，要让孩子发自内心地热爱。唯有适合孩子的年龄特点，才能最大限度减少运动伤害；唯有孩子真心喜欢，才能坚持下去，养成习惯。而我们要做的就是根据孩子的身心特点，选择适合的运动种类，然后陪孩子一起，在运动中指点他、帮助他、鼓励他，让他找到运动的门道，发现运动的乐趣。

然而，现实生活中，很多家长还有这样的误区，他们总以为运动量越大，越能增强孩子的体力。媒体曾经报道一位父亲让孩子跑马拉松的故事。几年下来，在父亲的陪伴下，孩子越来越能跑，小胳膊和腹部都清晰地显现出一条条肌肉来。但是有人会质疑这么小就练成肌肉男，不是违反了儿童身体发育的基本规律吗？

在引导孩子运动的过程中，我们应该遵守循序渐进的原则，严格控制运动强度。而运动强度的标准，医生说，一旦孩子满头大汗或者觉得有点累，就应停下来休息。在时间上，持续跑步不应超过半小时。对于成年人来说，医生建议每天走上一万步，或者步行一小时，这样有利于保持身体的健康。对于孩子，也应该提倡让他多步行，少坐车。我们经常看到不少老人推着小车带孙辈上学，这样其实是不利于孩子成长的。

下面介绍几项简单、利于孩子成长，又适合父母和孩子一起进行的运动：

游泳

游泳不仅能够增强人体的心肺功能，改善体温调节机能，还能够帮助孩子克服胆小、害羞等心理问题。

跑步

跑步是最简单、最方便的运动，孩子经常进行跑步锻炼，对心血管功能、呼吸功能有很大的帮助。坚持长跑，还可以培养孩子坚忍的耐力和毅力。

击剑

击剑的动作中的各种伸展、拉伸等动作，可使孩子的肌肉和力量得到增强，肌腱、韧带、肌肉的弹性得以提高，从而增强孩子的体力和柔韧性，这对孩子日后成长发育很关键。此外，击剑对于孩子智力的开发也很有帮助，因为击剑可给大脑许多良性刺激。

骑自行车

和孩子一起骑自行车，能够陶冶情操，增进父母与孩子之间的感情，提高身体素质，还能够克服孩子急躁、易怒的心理。

羽毛球和乒乓球

羽毛球和乒乓球能够提高身体的灵活性，大脑的反应速度，还能够培养孩子果断的性格。

我们作为家长，应把孩子爱跑、爱跳的天性转化为兴趣，在适当的时候，可以给孩子讲一些名人的轶闻，与孩子一起观看体育比赛等，这些都是促进孩子对体育产生兴趣的有效途径。另外，也可以把锻炼与游戏结合起来。散步的时候，和孩子赛跑，跳绳时比谁跳得多、跳得快，踢球时看谁踢得更准、更有力量。一旦孩子在锻炼中充满激情，那么他的整个身心都会得到发展，爱上运动便顺理成章。

5. 对大一点的孩子来说，平等对话就是最好的陪伴

越来越多的家长懂得了放下家长权威的架子，用爱与尊重引导孩子。这在孩子很小的时候，还是比较容易做到的，因为孩子小的时候自我意识不强，容易表现得听话。但随着年龄的增长，孩子变得更有主见和叛逆，看着孩子动不动就和自己对着干，父母总是忍不住去教训他一顿……

"我发现我家孩子最近像变了个人似的，不仅学习成绩急剧下滑，逆反心理还特别严重,听不进大人说的任何话。"家住新华小区的杨女士气愤地说，前几天她发现儿子迷上了一款网络游戏，儿子说他们班好多同学都在玩，没什么大惊小怪的。当杨女士狠狠地教训儿子时，儿子竟然摔门而出。

在小学高年级，像这样不服管教，动不动就与老师、家长对立的孩子并不少见。因为在生理方面，孩子正处于生长发育期，正由儿童迈进少年的行列，这是极为特殊的时期，对于阻碍他的一切外界因素，都表现出强烈的反感甚至反抗情绪。他们把老师的劝说、要求、批评及家长的指点、提醒、督促等看成是"管""卡""压"，是与他们过不去，是对他们自尊心的伤害，进而产生一系列叛逆心理和行为。

许多家长有过这样的体会：孩子一旦进入青春发育期，常常会出现与父母"格格不入"的情况，除了不再愿意与父母"随心所欲"地交谈外，有时甚至连与父母一块活动也不愿意。虽然父母对孩子的关心并未减少，但不少父母都明显觉得青春期的孩子"不听话"，彼此交谈也越来越难。

孩子的这一特点很容易激发父母内在的不良情绪，使父母出现语言粗暴，态度蛮横。结果双方就像针尖对麦芒，沟通自然无法进行。

不少父母在孩子稍大后，更多关注孩子的学习成绩。当发现孩子成绩不好，甚至有父母不惜放弃工作专职陪伴孩子。其实真正有效的陪伴是让孩子感觉到你的尊重和爱，每天半小时的平等对话比每天 8 小时的教训要管用得多。

资深家教专家、全国知名校长陈钱林在谈到儿子和女儿的教育时说道："孩子们的青春期开始，我的陪伴主要就是平等对话。与孩子们聊天，只要孩子喜欢的话题，我们都可以聊。孩子们成人后，我曾问他们，'爸爸的家庭教育对你们最大的影响是什么？'孩子们把'平等对话'作为最重要的三点经验之一。"

那么，怎样打开青春期孩子的心扉，与青春期孩子做心灵的交流呢？关键是我们要把对孩子的交谈态度进行改变。

我们可以学习用"平行交谈"的方式跟青春期的子女谈话，这往往能引起热烈回应。美国《用心去教养子女》一书的作者塔菲尔提出的"平行交谈"，其意思是父母与子女一方面一起做些普通活动，一方面交谈，重点放在活动上，而不是谈话的内容，双方也不必互相看着对方。这种非面对面的谈话方式会让父母和孩子都感到轻松自在。

我们可以跟孩子玩棋牌类游戏，比如下盘五子棋，谁输了谁就分享一件自己今天"最开心的事"和一件"最郁闷的事"；也可以在饭桌上玩"真心话"游戏，大家轮流分享自己今天的事情。

此外，还有几种方法可以让我们和孩子进行更好的平等对话。

聊天内容不要太过于正式

我们在与孩子聊天的过程中，内容不要太过于正式，可以和孩子聊聊自己工作、生活中有趣的事等，太过正式的内容只会让孩子感到乏味、无聊，并不能达到互相都感兴趣的目的。

换位思考

一直以来，我们总是习惯用自己的思维方式来解决孩子的问题，却忽略了孩子的思维方式和我们是不同的。一般的家长很少向孩子透露自己的内心世界，只习惯于做一本正经的训导，但反过来却要求孩子向自己坦白一切。这种不平等的要求，当然不可能取得好的效果。

其实孩子也是一个小大人，他也会反感高高在上的说教和指点。作为父母，我们理应尊重孩子，与他交流而不是训导。我们不能以教训的口气、哄骗的口气、引诱的口气来赢得他的合作。

双向分享

想想平时我们和朋友聊天的时候，都是你一句我一句各自交流自己的喜怒哀乐，为对方提出建议，所以我们可以在饭桌上、电视机前主动向孩子分享自己今天过得怎样，发生了什么有趣的事情，又有什么不开心的事情。

我们并不需要把所有发生的事情都一五一十地告诉孩子，只需分享一下他感兴趣的事情，比如"今天我在去公司的路上看到桃花都开了"，孩子可能就会接话说："我们学校的花也开了。"这个时候话题匣子就打开了，我们就可以接着问他学校里的事情。我们的主动分享就是在不经意间给孩子提供了一个参考的榜样，并且不会引起孩子的抗拒交流。

孩子非常敏锐，他会感受到我们是在以父母的姿态跟他交流，还是真的以朋友的身份跟他分享。所以，以一种平等的方式与孩子进行朋友式沟通，才能使孩子敞开心扉，才能让孩子健康地成长，才能更好地陪伴孩子。

6. 教训十句，不如多听孩子一句

作家鲁鹏程在《好妈妈不吼不叫教育男孩100招》中写过这样一个故事：

一个14岁的男孩曾经几次离家出走，他讲述了自己与妈妈的关系："我和妈妈现在已经到了相对无言的地步，无论我说什么，都无法得到她的理解，她总能找出理由来反驳我。"

这个男孩说，"有一次，我对妈妈说：'妈妈，我不想学习……'还没等我说完，妈妈就说：'我辛辛苦苦供你上学，希望你有个好前途，你竟然不想学习……'"然后男孩表示，"原本想和妈妈说说心里话，得到的却是妈妈不理解的话语。从此以后，我再也不向妈妈表露自己的真实感受和想法了。"

现实生活中，这样的事并不少见。

一个平时学习很好的孩子闷闷不乐地回到了家里，爸爸问他考试成绩怎么样，他说考了80分。爸爸当时就火了："你平时不是都考满分的吗？怎么成绩下滑这么快？说，你最近都干什么去了？有没有玩游戏？有没有逃课？有没有……"面对突如其来的责备，孩子委屈地掉下了眼泪。看见孩子哭了，爸爸就更加生气了："你考这点分还委屈了？哭什么哭！平时怎么教你的？"孩子边哭边说，这次题特别难，老师说全班最高分就是80分多一点，他是第二高分。爸爸一听，立刻不说话了……

很多孩子在我们面前把自己"包裹"起来，不愿意向我们敞开心扉。究其原因，是我们不懂得倾听孩子的心声，在家里经常是"我们说，孩子听"，没有留给孩子倾诉的机会和时间。心理学家研究发现：如果父母从不听孩子说话，孩子长大后往往要经过多年的治疗才能恢复自尊。

英国教育家斯宾塞曾经说："给孩子诉说的机会，认真倾听孩子的话语。这样父母能更多地了解孩子，并对孩子不正确的思想与做法及时进行纠正与引导，使孩子一直走在健康快乐的身心成长之路上。"

俞敏洪曾在一个演讲中说道，他的儿子大部分的时间都是与妈妈在一起。但是，哪怕每天在一起10分钟，俞敏洪也要和儿子拥抱一下，跟他聊一聊他的学习或者他的感觉，如果看到他不高兴了，问一问他到底为什么不高兴，如果他愿意跟自己交流的话，就认真倾听他的想法。

孩子犯错后，家长动不动就发火、打骂，会伤害孩子的自尊，会使一个本来可能知道错了的孩子出现抵触情绪，结果不仅对解决问题没有任何好处，还会激化父母与孩子之间的矛盾，导致更大的家庭问题出现，例如，如果我们对孩子没考好等问题反应太过激烈、太过情绪化，会引起孩子惊恐，导致孩子出现应激反应，出于保护自己的目的，最终的结果就是父母得到一个谎言。

当我们听到孩子说的那些让自己不太满意的事情时，切忌大动肝火。这个时候，我们应该做的是充分了解事情的经过，冷却过分发热的头脑，积极寻找对策。其中，最重要的就是先听孩子讲，孩子讲得越多，我们了解的信息就越全面，就越能做到心里有数，不轻易下结论，也就能更好地解决问题。而听的过程正好可以缓解我们愤怒、不满的情绪，从而冷静下来，然后思考原因和对策。

那么，我们应该如何更好地听孩子说呢？

给孩子倾诉的机会

现实生活中经常是孩子没说几句话，父母就给回绝了。然而，当孩子什么都不对我们说的时候，我们又开始指责他。其实，这一切都是我们造成的，是因为我们没有给孩子倾诉的机会。因此，我们要静下心来倾听孩子的心声，做他心中最忠实的倾听者。这样，孩子对我们的信任会越来越深，也会越来越愿意向我们诉说他的心里话。

不打断孩子，耐心听

其实，很多时候，孩子向我们倾诉他的心声，并不是要我们帮助他解决什么事情，而是他的一种宣泄方式。这时，我们不要去打断孩子，要用耐心去倾听他的心声，给他精神上的安慰和支持。

带着感情听

如果我们在听孩子说话的同时，还表达一些这样的评论："我明白""你一定很不开心""真棒"，这会让孩子感受到，他的话对我们真的很重要。

积极地参与

除了仔细聆听外，我们还应该及时表达出自己的反应：当我们同意他说的什么事情时，就点头，或者微笑；当孩子说出某件让他伤心的事情时，就应该表达出难过的样子。这样做，会让孩子知道我们不只在听他说话，还在琢磨他的话。

人，有时需要张开耳朵去接受社会给予的所有评价，无论褒扬还是批评，总能让我们清醒地认识真实的自己。对于孩子，亦是如此。我们一味简单粗暴地批评孩子，只会与孩子的心灵的距离越来越远，而带有善意和尊重的倾听，则会得到孩子的信任，从而愿意跟父母做朋友。

7. 不管多忙，每天给孩子讲故事的习惯都要坚持下去

说到给孩子讲故事，很多人都认为这是妈妈的事。因为爸爸整天在外奔忙，于是，讲故事的重任就落在了妈妈身上。大多数孩子的童年里，只有伴随着妈妈轻柔的声音讲述的白雪公主和王子的故事入眠的记忆。

然而在意大利儿童作家罗大里的童话书《电话里的童话》里却讲述了一位爸爸每天晚上坚持给自己女儿讲故事的故事。这位爸爸叫彼安吉，是一位药品推销员，常年出差在外，四处奔波。他的女儿，一个可爱的小女孩，正是需要爸爸妈妈讲故事才能入睡的年纪。因为不想缺席给女儿讲睡前故事的机会，经常出差在外的彼安吉是这样做的：无论身在何处，每天晚上9点整，他都会准时打电话回家，在电话里给女儿讲童话故事。

彼安吉讲的所有的故事都比较短，这是不得已，因为彼安吉要自己掏钱付电话费，当然不能打太长时间的电话。只是有些时候，做了一笔好生意，他就会多讲一些。当彼安吉给女儿打长途电话的时候，总机的小姐们为了听他的故事，竟然停止为别的电话接线。这部《电话里的童话》一经出版，就热销意大利，风靡全球。罗大里也因此荣获国际安徒生奖。

故事作为一种最受孩子喜欢的文字形式，对于孩子来说有着特殊的吸引力。一个好的故事，他可以百听不厌。其优美的语言，典型的人物形象塑造，生动的故事讲述，让孩子被深深地吸引，也使他增长了知识，发展了智力，并从中受到感染和教育。听故事还可以帮助孩子学习语言，增强孩子的记忆力，丰富和发展想象力。

一位妈妈带着她自认为具有数学天赋的儿子向爱因斯坦请教如何学好数学，爱因斯坦说，"给他讲故事。"那位妈妈还是不死心，坚持请教爱因斯坦关于如何学习数学的问题。爱因斯坦说，"如果你想要孩子聪明，就给他讲故事；如果你想要孩子智慧，那就给他讲更多的故事。"

爱因斯坦认为，想象力比知识更重要，因为知识是有限的，而想象力概

括着世界的一切，推动着进步。而给孩子讲故事，就是保护好孩子想象力的最好办法之一。

讲故事其实是一件很简单的事，却让有些妈妈搞复杂了，比如好多妈妈就把睡前故事列入孩子的阅读计划，认为孩子读书越多越好，听故事当然也是越多越好。在许多家庭，每天晚上给孩子讲两三个故事甚至更多故事是很正常的事。

但是我们可能会发现，本来计划讲一两个故事，孩子就睡觉了。没想到孩子越听越兴奋，没完没了地要求："再讲一个！再讲一个！"成年人讲得口干舌燥，孩子却毫无睡意，妈妈不禁有些烦躁。的确，睡前故事应该是辅助孩子安然入睡，让他把故事带入梦乡，大脑和心灵在梦里进行下一步的"工作"。所以，讲什么、怎么讲，就很有讲究了。

辅助孩子入睡的最佳手段就是重复地讲故事。一个故事起码要重复五六遍，甚至可以一周都讲同一个故事。重复的频率要根据孩子的年龄做出相应调整，越小的孩子重复率应该越高。

也许我们在重复地讲故事时会觉得无聊，但对孩子来讲却是建立安全感的一个很好的途径。成长中的孩子呼吸和心跳是不稳定的，有规律的生活、重复性的讲述，可以增进孩子呼吸和心跳的协调，而只有当孩子调整好呼吸和心跳时，才能进行理性思考。

如果我们没有给孩子建立良好的安全感，就急于求成地给孩子塞一堆他不需要也不能消化的符号和知识，这可能造成他心智紊乱。

那么，究竟怎样才能给孩子更好地讲故事呢？

选择适合的故事

我们事先要简单地了解一下故事要表达的内容、价值观，选择适合孩子的故事。一般情况下，2~3 岁的孩子是以想象为主的，因此我们可以选择孩子接触过的动物、植物故事，比如《爱哭的胖胖熊》《小蝌蚪找妈妈》《猪八戒吃西瓜》《小马过河》等。

4~5 岁的孩子是发展想象力和语言组织能力的时期，我们可以选择具有简单情节的童话和民间故事，比如《不一样的卡梅拉》《鸽子捡到一只热狗》《乌鸦面包店》等。

5 岁以上的孩子已经有一定的判断能力和主动学习能力，我们可以选择具有一定哲理的故事，比如《窗边的小豆豆》《淘气的小鼻子》《假话国历险记》《洋葱头历险记》等。

为了激发阅读兴趣，我们还可以和孩子一起拟定阅读书目，让孩子参与进来。这个阶段我们需要鼓励孩子复述故事，锻炼孩子的表达能力、逻辑能力和记忆能力。

固定一个时间段

临睡前是一个好的时间段。因为临睡前是孩子的大脑神经和小脑神经交替工作的时候，是孩子一天精神状态最稳定、最平静的时候，如果在这段时间给孩子讲一些美丽的、欢乐的及培养情感的故事，孩子很容易接受，没有外界的干扰，记忆也更加深刻。另外，临睡前讲故事，也是一个良好的信号和仪式，会被孩子视为入睡前的准备，有助于孩子睡眠。

声情并茂地讲

为了发挥孩子的想象力，我们需要声情并茂地讲故事，比如模仿故事中的某些动作、表情、声音。这样孩子才会有画面感，形成联想。同时他也会对讲故事形成兴趣，并对每一天的故事都有期待。

讲一个主题故事

在一段时期内，我们可以给孩子讲一个主题故事，比如关于善良、诚信、生活习惯……我们可以根据孩子近段时间需要改善的问题，特意找一些这方面的故事讲给孩子听，在讲的过程中形成互动讨论。

此外，有些父母贪心地想让孩子既记住故事，又记住文字，并能从画面中加强记忆，所以往往让孩子在灯光下一边看图，一边讲，但这对即将入睡的孩子来说，这样的信息量太大了，也不利于孩子对故事内容的吸收。如果妈妈在幽暗的环境中讲故事，孩子会根据妈妈说的每一句话，结合日常生活中接触到的事物和体验，在脑海中完成一幅属于自己的画面，这其实比识字或被一幅别人创作的图画束缚住更重要，有利于孩子建立独立的思维和判断。

8. 陪孩子在家门口转转，和外出旅行的意义是相当的

每年的暑假、寒假，大部分家长会抽出时间和孩子出外旅行，经济条件好点的家长还会带孩子出国旅行。外出旅行不仅开拓了孩子的眼界、让孩子学习到很多东西，父母也能够减轻一些工作压力，放松身心。但是，当我们没有那么多的时间和金钱带孩子出去玩时，别沮丧，最好的旅行资源就在家门口，那个我们一直熟视无睹的小公园、小假山、小绿地……

在夏日的午后，你可曾驻足在小公园亭子旁的那棵樟树下，教小孩静听树上的鸣蝉尽情歌唱；你可曾夸张地模仿"咕咕——咕咕——咕咕——"的声音，告诉满眼好奇的孩子，这是布谷鸟"夫妇"在一唱一和；你可曾指着跷跷板旁边那满树的紫花告诉孩子，那就是在《幸福的花儿》那本图鉴上看过的木槿。

这点点滴滴、无声无息的学习，可随时随地，也轻松自在。在高楼林立、车流拥挤的都市里，都市人与自然离得很远。然而，通过楼下的小公园，我们就可以在孩子幼小的心田悄悄播下热爱大自然的种子。这大概也是陶行知提倡的"生活即教育"的内容之一吧。

在一场大雨后，晓超的妈妈带他去小区的一块空地上玩泥巴。晓超问妈妈："为什么鼻涕虫和蜗牛都是软体动物，可是蜗牛有壳，鼻涕虫没有壳？"妈妈说："蜗牛为什么有壳？当然为了安全，免得被鸟吃掉，而且天气热的时候，还可以保护蜗牛的皮肤，否则被晒干了。"晓超对妈妈说，这个他知道，但同样是虫子，鼻涕虫怎么就不怕被吃掉、被晒成肉干？

晓超的妈妈心想，还好自己带了一本关于昆虫的书，于是翻书念道："大部分鼻涕虫以前也是有壳的，但是几万年以前，鼻涕虫的壳慢慢变成了一个小硬片。"

这时，晓超抓起一只蜗牛，蜗牛慢慢地缩回了触角。妈妈问他："你看，蜗牛有两对触角，你知道眼睛长在哪里吗？是上面那一对还是下面那一对？"晓超说："知道，是上面那一对，我早就用放大镜看过了。妈妈，我也考考你，你知道蜗牛有牙齿和脚吗？"

晓超的妈妈笑着说："我早知道蜗牛有特别小的牙齿，但是脚呢，我觉得它是用肚子滑行吧。"于是她翻开书确认了一下，然后对晓超说："我错了，蜗牛有脚。"晓超仔细观察爬行的蜗牛，原来它的脚挨着地面，像结实的小肉疙瘩。晓超的妈妈说："在小区的玩耍中，晓超了解和掌握了蜗牛的一些知识，这不比出去玩一次的意义小呢。"

有些家长在带孩子欣赏自然时，总希望能将尽可能丰富的内容传递给他，于是不停地搜寻并解说："快看我们头顶的树枝上，有一只珠颈斑鸠在唱歌……那是悬铃花，像不像个小铃铛……在这里有只螳螂宝宝，还没长翅膀就学会舞大刀了呢……"而孩子总是看了几眼发出"好可爱，真漂亮"等感叹，之后常常就没有然后了，更不用说让他一次性记住这些内容。

其实这些令大人都有些皱眉的科普资料，即使换成了孩子的语言，又怎么能一厢情愿地引起他的喜好呢？上述方式只是一种单方面的灌输，就好像我们去逛博物馆，无论解说得多么细致生动，游客仅仅是参观而非融入。其实，我们应该积极地和孩子互动，让他主动地产生兴趣，并从中真切地感受到生命的鲜活与竞争，平凡与伟大，这才是重要的。

　　我们可以尝试着用有针对性的提问来引导观察，以孩子发挥的想象来代替大人的部分描述，甚至鼓励孩子一起寻找隐藏着的动植物，比如我们可以说："小侦探们，竖起耳朵，瞪大眼睛，这里有很多小动物在捉迷藏，赶快找出来吧！"我们只要适时给予引导，孩子在体会到了寻找的乐趣之后，所展现出来的眼力和专注力都会令人惊讶。

　　另外，我们还可以引导孩子在体验大自然的同时为自己和自然写下笔记，比如校园里最早绽开的花是什么？青蛙有3个脚趾？小区里的大树干上会不会藏着一个秘密花园？在记录中孩子会解开自然的秘密，珍惜和自然共处的时光，感悟生命、感恩自然……

　　那么，自然笔记该怎么记？生物学家给出了以下步骤：

准备工具

　　记录自然风光靠肉眼可不行，我们需要准备以下工具：

　　纸笔：可以选择硬皮的白纸本，或者将A4的打印纸夹在硬纸板上，这是画画书写的载体。铅笔、中性笔都行，也可以用彩色铅笔或水粉颜料，让笔记的内容变得多彩起来。

　　直尺和放大镜：直尺可以帮助孩子准确测量各种小生物的大小，比如一片叶子的长与宽、一只蝴蝶的展翅大小等。放大镜则可以让人看清更多细节，比如花朵雌蕊的构造、昆虫单眼的形状等。

　　相机：用相机捕捉快速移动的小生物，回家对照照片绘画。

　　生物图鉴：它可以帮助孩子认识身边的许多生物，比如《野外生物识别手册》。

　　工具备齐后，我们先要带孩子做一些适当的绘画和文字练习。如果要使用相机，就需要让孩子学习基本的植物拍摄技巧，也可事先去花鸟市场辨识动物、植物，做一些知识储备。

记录内容

自然笔记没有统一的格式和内容。如果孩子特别钟爱某一种植物，可以让孩子在春夏秋冬都紧盯着它，以日记的方式记录它每天的变化，摸清它的生长规律。如果孩子对辨认植物感兴趣，就可以在生活空间中搜罗不同的植物种类，记录下它们的形态特征，做出大致类别，判断后再按图索骥，在网络植物志或者生物图鉴上找到它们的学名，甚至可以编一本小小的植物手册。

收获知识和技能

通过认真细致观察和记录，孩子或许会在给大自然"画像"的过程中，发展其绘画、书法、摄影或文学特长，也或许会从此建立起对自然的兴趣，并在未来的学习规划中深化，最终成为生物学家。

生物学家说："生活在大城市的孩子，亲近自然的机会并不多，因此，这种观察和记录对他来说很重要。通过感知其他生物的生长规律，他会发现大自然的精妙之处：每次出芽、每次落花、每片叶子生长的角度，都不是没有原因的。只有了解这些，才能学会尊重生命、敬畏自然。对自然的关怀情怀就自然而然产生了。"

第 9 章

更好的爱，绝非一味付出和给予

1. 真正的幸福是自己争取来的

随着"啃老族""坑爹族"等词汇的相继出现，反映出社会上的一部分年轻人不仅小时候依赖父母，仗着父母的庇护调皮捣蛋、玩世不恭，乃至于到了二三十岁仍然得靠父母供养。据调查，目前中国有 60% 的家庭存在啃老现象。之所以存在这种现象，不少家长觉得，孩子的原因只能占 20%，而父母的教育方式的错误占到 80%。

啃老族的诞生多半是由儿时父母过于溺爱的行为导致的。大多数啃老族因为从小依赖父母习惯了，失去了在生活中和社会上独立自理的能力，而且也养成了懒惰和只接受别人的劳动果实的习惯，因而长大了仍会在父母的羽翼下生活。

啃老族的行为与他们在 6 岁前受到的不当育儿教育有关。幼儿教育专家李俊杰说："就拿吃饭来说，孩子都好几岁了，父母还给孩子喂饭；或者当孩子自己吃饭把饭洒出来时，一些父母不是耐心提醒、纠正动作，而是对孩子大声呵斥，这对孩子的独立精神和自信心都是一种打击。"

　　李俊杰说："对儿童正常行为的压制和约束，不利于培养孩子独立、自信的品格。长此以往，孩子就会变得依赖父母，做事情畏首畏尾。"他还说，让孩子自己吃饭，不仅有利于培养孩子的独立精神和自信心，还有利于培养孩子的手眼协调性，对以后孩子学写字、学画画以及培养动手能力都很有帮助。

　　然而，很多父母觉得自己的孩子还小，不懂事，无论大事小事，都想替孩子一手操办。作为父母，爱孩子的心理可以理解。不过我们也得有理性的一面，为了孩子健康成长，应该给予孩子充分的爱，但爱得过度就变成了溺爱，这对孩子的健康成长十分不利。

　　莎拉是一个出生在中国，成长在中国的犹太人后裔。她的父亲是犹太人，母亲是一个中国人。她有两个儿子、一个女儿。在女儿16岁生日时，莎拉请她到上海的一家面馆吃饭。莎拉点了两碗面后，女儿又想要一杯鲜榨橙汁。她就劝女儿说："这里有免费的大麦茶，很好喝，就别再要橙汁了。"莎拉的女儿马上就生气了，站起来转身就要走。莎拉喊住她："女儿，如果你要走，就把妈妈给你准备的生日礼物一起带走。"女儿想了想，又回来了。

　　莎拉把装有1600元的红包给了她，告诉她："女儿，一杯橙汁妈妈不是买不起。妈妈之所以专门挑这一天拒绝你，是想要你记住，妈妈事事满足你，你会当成一种习惯，以为想要什么就有什么，可是社会上的人不都是你的妈妈。"

　　电影《如果·爱》中有一句台词："记住，对你最好的人永远是你自己。"孩子在生存过程中就应该依靠自己的力量，而不应一味依赖父母和外界给他的帮助。我们要告诉孩子，想得到什么，就靠自己的行动去争取。唯有靠自己得到的东西，才是踏实的；唯有靠自己得到的幸福，才是长久的。

　　当李泽钜和李泽楷毕业后，想进入父亲的公司施展才华时，李嘉诚却对儿子们说："我的公司不需要你们！"兄弟俩愣住了，说："爸爸，别开玩笑了，您有那么多公司，就不能安排我们工作？"李嘉诚斩钉截铁地说："别说我只有两个儿子，就是有20个儿子也能安排工作。但是，我希望你们先去打自己的江山，让实践证明你们有资格到我公司来任职。"

于是兄弟俩离开了中国香港，来到加拿大白手起家，一切从零做起。磕磕绊绊之后，终于有所成就，李泽钜成功经营了一家地产开发公司，李泽楷则成了多伦多投资银行最年轻的合伙人。李嘉诚曾自豪地说："即使我不在，凭着他们个人的才干和胆识，都足以各自独立生活，并且养家糊口，撑起家业。"

我们不可能永远守护在孩子身边，只有让他早一些经受暴风雨的洗礼，才能锻炼他的意志，培养他的生存能力，才能让他在未来之路上经受住风吹雨打。

瑞士的父母为了不让孩子成为无能之辈，从小就培养孩子自食其力的精神，比如对十六七岁的姑娘，从初中一毕业就送到一家有教养的人家去当一年女佣人，上午劳动，下午上学。这样做，一方面锻炼了劳动能力，另一方面还有利于学习语言。因为瑞士有讲德语的地区，也有讲法语的地区，所以这个语言地区的姑娘通常到另外一个语言地区当佣人。

在加拿大，家长为了培养孩子在未来社会中生存的本领，人们从很早就开始训练孩子独立生活的能力。在加拿大一个记者家中，两个上小学的孩子每天早上要去给各家各户送报纸。看着孩子兴致勃勃地分发报纸，那位当记者的父亲感到很自豪："分发这么多报纸不容易，很早就要起床，无论刮风下雨都要去送，可孩子们从来都没有耽误过。"

独立生存的能力对每个人来说都是很重要的，父母在家庭教育中，尤其要重视孩子独立生存能力的培养，这对孩子应对未来的挫折和困难具有积极的意义。

那么，我们应怎么培养孩子独立生存的能力呢？

提高认识，更新观念

我们要明白，孩子的人生之路最终还是要他自己去走，身为父母帮得了一时，帮不了一世，只有让他学会为自己服务，才能为他人服务；也要让孩子明白"天上不会掉馅饼""一切要靠我们自己"的道理。只有离开父母的怀抱，才能锻炼出苍鹰的矫健翅膀，翱翔于天空之中。

从小在孩子心里播下爱劳动的种子

我们可以通过讲名人逸事等方式，使孩子明白自己的事情要自己做，自己的小手也能做许多大事。为了使孩子养成良好的生活习惯，我们也不要过度关注孩子，要给予孩子充分的活动自由，放手让孩子自己做事情，尽量不要在中间插手。

在生活中一点一滴地培养

我们要鼓励或间接指导孩子做简单的事，让他体会到依靠自己双手取得成功的喜悦，比如学洗衣服时，可以让他洗污渍较少的衣服。起初要让孩子做能够比较容易完成任务，再逐渐增加难度，这样才会增加他学习自我劳动技能的兴趣，而不至于一下子被难倒或再也不听从指挥。凡是孩子力所能及的事情都要让他自己动手做。

我们应该尽早开始培养孩子独立生存的能力，不能只关注孩子身体是否健康、学习成绩是否优异，而更应该关注孩子的精神是否独立、人格是否成熟。让孩子在社会上能自立、自强地生活是教育的最终目的，所以我们要在实际生活中让孩子经过锤炼，学会独立生存。

2．更好的爱不是全权代劳

如今，有不少孩子都是"衣来伸手，饭来张口"，大大小小的事情都是由父母一手来包办，但是这种全权代劳会导致孩子过度依赖父母，独立性非常差，并且会使父母和孩子双方都进入比较累的状态。事实上放手让孩子自己做才是教育孩子的正确方法。

有专家提出，家长每为孩子代劳一件事，就等于减少了一点孩子将来在这个社会中的竞争力。我们要明白，自己只能在孩子遇到困难时给他提供帮助，而不是在孩子遇到困难时就立刻接手来代劳。这样才能提高孩子的独立性与动手能力及解决问题的能力。

拒绝代劳，应该遵循孩子的成长规律，先从小事做起，逐步培养孩子的动手能力。当孩子又在哭着闹着让"妈妈穿衣服、妈妈穿衣服"的时候，我们不要急着放下手中的事情匆匆忙忙帮孩子代劳，而是慢慢地引导孩子，教会他如何自己穿衣服，可以先从最简单的打开与系上纽扣开始，然后再引导孩子学会穿衣服。

在孩子学习动手做事情的初期，由于没有头绪，往往会花费较长的时间，效果也不好，所以很多心急的父母宁愿自己动手快速搞定。这种做法是十分不可取的。培养孩子良好的动手能力和自我管理能力需要我们有足够的耐心和细心，去鼓励孩子自己动手，慢慢做好，而不是抹杀孩子学习的过程。

企业家李开复曾说，在他的个人成长过程中，有件事意义重大，就是4岁多时他决定不读幼儿园而去读小学。他的父母答应只要考得上就让他读，最后他考上了。这是李开复第一个重要的人生决定，他因此意识到自己不是父母的附属品，而是一个有决策权的人。李开复指出，放权会培养孩子的自信，在信赖中长大的孩子会相信自己，以后也会相信别人。在放权的环境中长大，孩子也会具有独立自主的能力，深具责任感。

很多家长会做孩子的保护伞，企图一开始就让孩子避开挫折，比如孩子去幼儿园，可能会跟其他的小朋友闹矛盾，可能会受人欺负，可能会被人嘲笑，这时，我们出于保护，避免孩子受到伤害，会充当孩子的保护伞，去帮孩子选择或处理一切事情。

另外，我们常常会不放心孩子的选择。可是，孩子往往是在无形中接受并认同父母的担心，慢慢就会觉得自己是不能选择的。心理学里有一个词叫"投射认同"。意思是说，在父母和孩子的关系中，父母认为孩子没有选择的能力，认为孩子在选择的时候肯定会走一些弯路。正是因为父母有这个想法，就会在对待孩子时无意识地表现出来。虽然父母没有明确对孩子说："你不行，你不会选！"但是，孩子是会接收到父母这个信号的。而且，这个信号会通过父母的言行举止源源不断地传给孩子。

给孩子一个自由成长的空间，我们不要过多地干涉，也不要害怕他会走弯路、会遇到问题和挫折，因为那才是帮助他成长最好的土壤。

2015年6月，陕西省高考分数线揭晓，文史类一本线是510分。家住景山小区的倪曼迫不及待地查询了自己的分数："525分"，看到分数的那一刻，倪曼高兴地跳了起来。但接下来如何填报志愿却成了全家人面临的难题。倪曼说她从小喜欢英语，向往今后出国留学。而她的妈妈认为国际贸易专业不错，她的爸爸则要她报财经专业，说什么毕业后好找工作。

"按自己的兴趣决定有错吗？我想自己的人生自己做主。"倪曼说，"现在我们谁都说服不了对方，心里很矛盾，既不想违背自己的意愿，又不想让父母伤心，整个人都快要崩溃了。"

教育专家研究就业案例后发现，现在一些难就业的大学生很大原因在于高考志愿没有填好，"很多孩子一味听从父母意见，到了大学以后发现并不是自己喜欢的专业，导致放任自流，使得学习兴趣下降，从而耽误了未来学习成长的空间，等到就业时才发现学不致用，缺乏就业技能；有的学生则不听父母意见，最终错过了能够发挥自己真正潜能的专业，从而遗憾终生"。

李开复说："21世纪将是'自主选择'的世纪。在这个世纪里，人将拥有更多的选择，他们必须积极地管理自己。进入社会后，孩子必须自己决定自己的行业、自己的老师、自己的老板、自己的公司……每一天面临的都是选择。一个孩子如果长大了还是只会背诵知识，听话被动，等着别人帮他做决定或做事情，那他进入社会就算不被欺负，也不会被重视。"

在李开复看来，家长应该随着孩子的长大而逐渐放权。3~5岁的时候告诉他怎么做，7~8岁的时候给他一些权利让他自己做选择，读了大学以后，他就应该完全做自己的主人。很多父母认为自己是为了孩子好才去管他，但是李开复提出了我们应该放权的理由：

（1）父母不见得懂孩子这一代，可能并不像孩子那样知道他想要什么。

（2）如果父母帮孩子做了太多决定，反而会造成他日后责任心的缺失。

（3）如果父母管教太多，就会淹没孩子自己的声音，他会找不到自己的兴趣，失去自信。

（4）如果施压太多，会给孩子沉重的负担。

我们不应该当孩子的保姆，因为孩子从来到这个世界的第一天起，就已经是一个独立的个体。孩子有手能做事，有脑能思考。作为家长，我们培养孩子的最终目的是让孩子成为社会所需要的人。在我们呵护、关怀孩子成长的同时，千万不要忽略了对孩子自强、自立能力的培养。

3. 让孩子在被爱下学会去爱别人

现在的孩子，大多数是在众星捧月似的家庭环境中成长，家里所有的大人几乎都是围着孩子在转，要什么买什么，吃什么做什么，生气了要道歉，哭了要哄。长期的宠溺让孩子变得霸道、自私，他只知道接受，而不知道付出。我们给了他无限的关怀与疼爱，却没有注意培养他爱父母、爱他人的情感，使得孩子以为众人对他的爱是天经地义的，而不懂也不会去爱别人。

作家毕淑敏说，正是成人过度的爱让孩子失去爱的感觉。我们娇宠他，捧他在手心，他永远只需要想着自己，久而久之，就会变得自私，而自私的人很少有真正的快乐，因为他永远只看到自己失去了什么，最后他的世界将缩小到只有他自己。

娇惯孩子是短视的一种行为。漫长的人生中，我们只能有短暂的时间将孩子奉为至宝，在绝大多数光阴中，他需要独自面对这个世界。教会他有爱、会爱，才是我们给孩子最珍贵的礼物。我们的爱再浓再烈，若是在他的心里结不出善果，那这样的爱还有什么意义呢？如果一个人连朝夕相对的父母都不知道怎么爱，在这个世界上还会有别的值得他去付出的人吗？

毕淑敏曾问过一群孩子，在什么时候能感到别人是爱你的？孩子们回答："我帮妈妈买醋。她看我没打烂瓶子，也没洒了醋，就说，闺女能帮妈干活了……我特高兴，我知道她是爱我的。""我爸下班回来，我给他倒了一杯水，因为我刚在幼儿园里学了一首歌，歌词里说的是给妈妈倒水，可我妈还没回来呢，我就先给我爸倒了。我爸只说了一句，好儿子……就流泪了。从那次起，我知道他是爱我的。"一个人在被他人需要时，才能感受到自己的价值；一个孩子在被大人需要时，才能感受到自己幼小的生命是多么伟大，于是感悟到一种深深的爱意。

有一年，亲子教育专家卢勤的丈夫出国留学了，留下她独自照料3岁的儿子。卢勤家的楼上有人养了一条大狗，每次上楼，狗一叫，卢勤就吓得两腿发软。以前，都是丈夫走前面，卢勤跟在后面。送丈夫到机场那天，卢勤对儿子说，爸爸走了，妈妈恐怕连楼都不敢上了。卢勤的儿子拍着胸脯对她说吗，有他在，不要怕。

于是，爸爸不在家的日子，每次上楼，儿子走前面，卢勤跟在后面。大狗一叫，儿子虽然也害怕，却壮着胆子对妈妈说："别怕，有我呢！跟我走！"每到这时，卢勤都向儿子感叹说："有儿子就是不一样！"妈妈一夸奖，一种幸福感在儿子心中油然而生，他觉得保护妈妈是自己的责任。

真正爱孩子的父母，通常都会在孩子面前表现得弱一点儿，给孩子一点儿爱他人的机会。我们别总把自己看成是高山，视孩子为小草，让孩子依靠和仰视我们；更不要把自己当作一把大伞，随时随地为孩子遮风挡雨，这样只会让孩子弱不禁风。我们可以和孩子换个位置、换个形象，让孩子做高山，孩子就会长成山；让孩子当大伞，孩子就能顶天立地。

韩国首尔大学文龙鳞教授就认为懂得爱是孩子必须具备的基本能力，得到爱的人会积极地看待世界，不论有什么困难，都不会倒下，受挫后也不会轻言失败。他们懂得为别人考虑，懂得宽容，能够牵着自己所爱的人的手重新站起来。所以，让孩子学会爱是对孩子最好的爱，因为他会因此拥有在世界上最强有力的武器。

也许很多父母会问，爱这个无形无色的情感如何传递，又如何培养呢？

学会在孩子面前"秀恩爱"

孩子的心灵与思维就像一张白纸，父母的一举一动，孩子都看在眼里、记在心里，在家庭教育中，孩子所呈现的问题，往往是父母深度参与的结果。所以在平常生活中，不妨在孩子面前秀秀恩爱。

一位妈妈说，有一次他们一家三口去超市购物，付款出来后才发现最重要的盐忘买了，于是就让爸爸折回去买盐。几分钟后爸爸出来，手里不仅有一袋盐，还有一盒巧克力。爸爸笑着解释说，想起妈妈爱吃这个口味的巧克力，于是就顺手买了一盒。孩子在一边听后偷偷地笑了，还说以后也会给妈妈买。孩子从小就看着爸爸做这些事让妈妈开心，自然也会对自己爱的人做这些。

认真回应孩子的爱

一个 17 岁的女孩说，她在四五岁的时候，非常清晰地记得爷爷的生日，于是提前存了一周的零用钱，在当天清晨 6 点就早早起床去买长寿面，兴冲冲买回来后连同一张小卡片一起悄悄放在爷爷的床头，可是后来家里人都完全忽视了这件事，爷爷也没有夸赞她一句……于是在后面的很多年，自己都没有再为爷爷准备过生日礼物，甚至完全忘了爷爷的生日是哪天。

其实我们身边有很多有爱心的孩子，他们有好吃的会想到别人，有好玩的也会让给别人……可是每一次的友善和关心，得到的却是消极的对待，比如把好吃的让给同伴，却被骂太笨，把好玩的借给同学，却被说吃了大亏。

这样好心没好报的感觉，会让孩子以后不再愿意这样做。所以当孩子自己对于"爱别人"有了朦朦胧胧的认识时，我们不要扼杀这颗纯真的幼苗，而应该愉快地接受他的爱心，例如给他一个拥抱，对他说声谢谢，夸他做得好，收到这样的反馈，他对自己的爱心也就更坚定了。

想办法帮孩子找玩伴

我们可以让孩子多与邻居或亲朋好友家更小的孩子接触，让他当大哥哥／大姐姐，保护比自己小的弟弟／妹妹，或者让其在游戏中照顾所有人的感受。我们还可以给他一本小日历，记下好朋友和兄弟姐妹的生日，在他们生日时，引导孩子自制一张卡片，做一个小蛋糕送给他们。

栽种小植物或养小动物

如果环境允许，栽种小植物或养小动物也是孩子学会爱的好方法，在给它们浇水、松土、喂食、洗澡中，让孩子看小生命在他的照顾下慢慢成长，相信他会加倍地体会到被照顾的幸运和幸福。

毕淑敏说过："如果把孩子在无边无际的爱里泡得口眼翻白，早早剥夺了他感知爱的能力，育出一个爱的低能儿，即使不算弥天大错，也是成人权力的滥施……在爱中领略被爱，会有加倍的丰收。孩子渐渐长大，一个爱自己、爱世界、爱人类，也爱自然的青年，便喷薄欲出了。"

4．有些事，让孩子自己处理就行

大多数父母在教育自己的孩子时都会说"自己的事情自己做"。但实际上，当父母看着孩子把米粒弄得全身都是，衣服系错了扣子，或是磨磨蹭蹭半天不能让玩具归位，又有多少家长能够忍住伸手的冲动，坚持让孩子自己做完这些事呢？慢慢地，父母的手越伸越长。孩子交什么样的朋友，如何跟伙伴们相处，学什么，将来要干什么，每一步，父母都要参与甚至掌管，并且还以为这是对孩子好。

孙云晓说，父母可以为孩子做事，但不能替孩子成长。他们越想填满孩子的未来，孩子就越无法达到他们完美的要求。很多事情父母是可以让孩子自己拿主意，自己做决定的，而且这样更有利于孩子养成独立自主的好习惯。

孙云晓说过这样一个故事：

他的好友冯先生有一次去德国做访问学者，闲暇时间带着 4 岁的儿子去海滩上玩。他们的旁边是一位德国妈妈在躺椅上看书。冯先生眼见那个德国孩子抓了一把沙子往嘴里塞，非常着急，连忙走到德国妈妈的身边提醒她："你的孩子正在抓一把沙子往嘴里塞。"

谁料，那位德国妈妈却用一种惊讶的眼光看着冯先生，然后说道："那又怎么样呢？"她说，等他尝过之后知道沙子不好吃，自然也就不吃了。冯先生愕然，如果这是在中国，大部分家长会阻止孩子。

孙云晓说，家长告诉孩子沙子不能吃，抑或是孩子自己放到嘴里发现难以下咽，结论是一致的，但获得这个结论的方式却不一样。前者，孩子获取的是父母判断之后提供的间接经验；后者，孩子却是亲身体验之后的直接经验。有时候，成人眼里举手之劳的事，让孩子自己去体验，他反而能从中体会到更多，对他的影响也更深远。

教育专家表示，孩子长大的过程，是一个社会化的过程。这个过程显著的特点之一就是实践性。他通过亲身体验才能明白许多道理，而父母应该尽可能多地为孩子提供体验的机会。3 岁的孩子擦完桌子之后去洗抹布，观察到"抹布比以前白了""水变成黑色了"。这两者之间的关系在成人看上去很明显，但孩子却是通过亲身实践了解到事物的变化。如果父母对孩子说"别抓抹布""水都黑了，不能洗手了"，那么，他是不能在实践中体会到这两者之间的联系的。

孙云晓认为，父母急于帮助孩子，什么事情都替孩子包办，剥夺了孩子发现的机会，扼杀了他学习的兴趣，打击了他解决问题的主动性。父母要学会放手，让孩子自己成长，孩子长大后才是充满自信的、有魅力的人。

然而，现实生活中还有一种情况，就是孩子在与同学和朋友的相处过程中难免会有摩擦、打斗的情况出现。常常见到有不少家庭的父母在看到自己的孩子被欺负时，总是担忧孩子吃亏，他们可能会冲到孩子堆里，阻止暴力游戏的发生，更有些溺爱孩子的父母甚至会帮孩子打人，这些做法都是不明智且不可取的。

在孩子看来，他与其他小朋友的冲突很可能只是一场游戏，但如果父母冲进去帮孩子打架，就演变成了成人的暴力事件，无论对孩子还是成人来说，都有不好的影响。这种父母容易让孩子养成暴力习惯，靠暴力解决问题。

专家表示，当孩子被欺负时，父母正确的做法是不理会，让孩子自己解决。因为这是孩子在学习如何跟人交往，当他跟小伙伴发生冲突时，更是他学习如何应对困难、处理人际关系的绝好时机，但是你的阻止或帮忙，可能会阻碍孩子的成长。我们应尊重孩子的选择，顺其自然。简单地跟孩子说"你不能打"和"你必须打回去"，都不是最好的解决办法。

一个年轻的妈妈带着 5 岁的女儿在公园游玩，妈妈坐在树底下看书，小女孩在草地上跑来跑去。随着一声"走开，不要挡路"，小女孩被推倒在地。只见两个高出小女孩半个头的小男孩站在她的前面。

正在看书的妈妈听到吵闹声往女儿的方向看去，见女儿从地上爬了起来，但没有走过去，旁边的一个妈妈说："你女儿被人欺负了，你怎么不过去帮忙？"这位妈妈微笑着说，她相信自己的孩子能应付得来。

小女孩从远处看了看妈妈，见妈妈没反应，当两个小男孩又想推自己时，她大喝一声："你们给我住手！我可以宽容你们刚才的无礼，但是如果继续无礼冒犯我，我发誓一定会反击的！但如果你们肯跟我一起玩，我把我兜里面的糖都分给你们！"没一会儿，三个小朋友就开始玩老鹰捉小鸡了，玩得不亦乐乎！

原来，这个妈妈从孩子很小时就开始让孩子自己尝试应对各种麻烦，只要没发现比如孩子拿着刀枪等危险情形，妈妈一般不插手。

其实，无论是孩子自己穿衣服、吃饭、交朋友，还是孩子和伙伴们发生矛盾，孩子自己的事情就该交给他自己去处理，在很大程度上他会比我们处理得好。爱孩子，就要放手让他去探索和发现，我们宠溺孩子，什么都替孩子包办，孩子长大后可能会出现一系列心理问题和社会问题。在孩子的成长过程中，我们更应该是个旁观者，而非他的主宰。

孩子有自己的世界，也有自己的想法，他对自己的事情会非常认真地去完成，如果我们能够让他意识到哪些是他的事情，并且培养出他自己做事的习惯，这对孩子的未来有非常重要的意义。

那么，我们应该怎么做呢？

陪伴而非帮助

孩子很多时候想做事情，但是因为肢体的发育或者表达的欠缺，做起来不是那么完美，于是很多家长就直接帮着做了。然后告诉他，你不要碰这个，妈妈给你做；你不要弄那个，妈妈给你做。孩子就养成了一个习惯，大部分事情要家长帮助做，所以，遇到事情就自然等着家长来做。那么，家长总有力所不及的时候吧，那个时候，你让孩子怎么办呢？

运用合理对比法

这里所说的合理对比，就是巧妙地和别人对比或与自己前面的成绩对比，找进步，找希望。并且，这里的对比，是比进步，不是给孩子树立榜样让孩子去学习，比如让孩子比较："自己迅速做完事情的感觉，与妈妈替你做事情后唠唠叨叨，哪个心里舒服？""昨天穿袜子，你自己穿一只，妈妈给你穿一只，你比妈妈慢，今天怎么比妈妈快了？""你自己有没有觉得自己越来越棒了？"我们会发现，孩子的积极性会被调动起来，做事情也越来越有热情了。

故意"耍赖"

我们可以学着故意"耍赖"，逼孩子自己做事。"耍赖"可以说是孩子的法宝，为了达到自己的目的，孩子经常这样做，而且屡屡得逞。其实我们不妨学学孩子，适时运用一下"耍赖"法，会收到不一样的效果。

比如，孩子要穿鞋到外面去玩，这时他会急着催大人快点给他穿鞋、系鞋带，这时不妨磨蹭一下，然后再告诉他，一人一只，这样分工快。我们做完就不管了，告诉他不能帮他。在帮助无望的情况下，他会自己完成的。当然"耍赖"法要运用得当，不能太随意，不能太多，否则让孩子反感，就会失去效力。

另外，我们放手让孩子自己做事情，要逐步进行，而不是一下子什么都不管，走向另一个极端。我们一下子什么都不管，会让孩子不知所措，产生挫败感，对做事情产生极大抵触心理，最后可能会自暴自弃，什么都不做了。

5. 真正的教育是自我教育

什么是真正的教育？苏霍姆林斯基说："只有能够激发学生进行自我教育的教育，才是真正的教育。"教是为了不教，说的也是这个意思，要通过教育让孩子学会自我教育，养成自主学习的良好习惯，以便在日新月异的社会里如鱼得水般地工作和生活。

中国社会科学院心理研究所研究员张梅玲表示："与自我教育相对应的是他我教育，相对于他人对自己的教育，可以说，自我教育是更高级、更理想、更完美的一种教育。因为，自我教育不是天生的，也不是轻而易举就能达到的，而是家庭、学校和社会长期艰苦教育的结果。"

现在的孩子，做人做事都比较被动。家长、老师要求严一点儿，孩子就按照要求去做；家长、老师要求松一点儿，孩子就随意敷衍，甚至朝着相反的方向去做。孩子的自我约束、自我管理的能力很差。对此，专家表示，这是家长对孩子的事管得过多过滥所造成的结果。在孩子的成长过程中，家长什么都为孩子包办代替了：衣服脏了家长给洗，房间乱了家长给收拾，家庭作业家长给辅导，孩子的朋友家长给选定，孩子的业余生活家长给决定……

孩子从小就不知道哪些是自己该做的事，哪些是自己该思考的问题，哪些是自己必须经受的磨炼；他只知道听家长的话，被动地做个所谓的"好孩子"。家长不惜一切代价，但求孩子考高分，取得"好成绩"，却不把孩子真正需求的对其一生都管用的自我教育授权予他，由此才造成了孩子自我约束、自我管理能力不强的客观现实。

尹建莉说，她的女儿圆圆上高一时，圣诞节她和丈夫送了她一个便携式CD机，本意是让圆圆学习累了听听音乐。但她经常一边做作业，一边听歌，还隔三差五地去买光盘，对当时的流行歌手、歌曲了如指掌。尹建莉和丈夫觉得这样下去迟早会耽误圆圆的学习，于是他们就提醒她学习时最好不要听音乐。

第一次说时，圆圆只说她知道了，并说她自己觉得不影响学习。过了几天，尹建莉和丈夫看圆圆还是天天戴着耳机写作业，有些忍不住了，又说她。这次圆圆有些不耐烦了，怪他们唠叨，说她自己知道怎样才好，告诉他们不要管她。

虽然心里很着急，但尹建莉和丈夫商量后决定，这件事不再去管她。既然圆圆说不影响学习，并说她自己知道怎样才好，他们决定相信她的话。时间一长，尹建莉和丈夫就真的忘记管她了。后来，尹建莉发现，不知从什么时候开始，圆圆学习时已经不再听音乐了。

后来圆圆考上大学后，尹建莉问过她这件事，圆圆说实际上她知道一边写作业，一边听音乐会分心，但开始时就是想听，约束不住自己。后来到了高三时学习变得紧张了，自己从内心就不愿有什么事情打扰学习，写作业时就不再听了。

尹建莉说："一个被管制太多的孩子，他会逐渐从权威家长手下的'听差'，变成自身坏习惯的'奴隶'。不是他心里不想摆脱，是他没有能力摆脱。我们成人不也经常有这种感觉吗？"儿童的世界是一个完美独立存在的世界，他幼小身体里深藏着无限蓬勃的活力，他在生命的成长中有一种自我塑造、自我成形的表达潜力，犹如一颗种子里藏着根茎、叶片、花朵，在合适的条件下自然会长出来一样。

掌握自我管理的孩子，其实就是拥有了自己制定目标、规划安排、行为管理，并最终通过不断努力去实现目标的能力，心理学上也叫"自我控制"。可以说，这是一个人想要有所成就，就绝对不能缺少的核心品质。

《管好自己就能飞》的作者吴牧天说，自我管理的关键在于坚持。为了培养吴牧天自我管理的良好习惯，他爸爸给吴牧天支了一招，让他每天坚持写自己的学习计划和总结。而且要求他从以下几方面入手：第一，关键词。将当天的主要内容以最精炼的语言概括出来；第二，昨日计划执行情况回顾；第三，今日最大收获；第四，今日反思；第五，明日计划。当时吴牧天的学习任务和压力很大，还要坚持写计划和总结，他几乎就要放弃，正是自我管理促使他一天天坚持下去，没想到一年的时间竟然写出了30多万字的日记。

那么，我们该如何培养孩子的自我管理能力呢？

给孩子犯错的机会

要让孩子学会自我管理，我们就要给他自我管理的机会，换句话说，我们应该给他一定的空间和自由，这其中，也包括走弯路、犯错的权力。

在很多无伤大雅的问题上，我们完全可以放手让孩子去尝试、探索，即便犯错也没关系，我们需要做的是在孩子犯错后，同时让孩子自己思考认识到错误，并学习以后如何不再犯同样的错误；而不是在孩子还没犯错的时候，就通过我们自己的人生经验把这些都排除掉。

协助而不是决定

在孩子尝试做一些决策和安排的时候，我们应该是协助者，负责提供咨询和建议；但不应该是决策者，最终的拍板工作还是应该让孩子自己来进行。

比如，在寒假期间，我们不想让孩子无所事事，就可以通过最简单的"制订日程表"来让孩子学会自我规划管理。但在制订过程中，我们所需要的做的是提醒孩子，比如有哪些活动可能是必须安排的，然后让孩子自己决定如何安排它们。

制订时要照顾孩子的特点

比如，对于成人来说，一般能保持30~40分钟集中注意力，但对孩子来说，一次能坚持20~35分钟就相当不错了。所以我们在协助孩子"制订日程表"的时候，就要考虑到这个因素，一项活动不要持续太长时间，这样孩子很难不走神。

如果是本来就容易拖拖拉拉、分心走神的孩子，制订的时间更要算准，给孩子一定的紧迫感，督促他在注意力持续时间内完成，这样才能让孩子得到自我管理、自我控制的有效训练

另外，还有最重要的一点，就是父母一定要做孩子活生生的自控好榜样。生活中，孩子最容易模仿的对象是父母，父母自制力的表现会影响孩子自制力的发展。一个冲动的、情绪不稳定的、行动缺少自制的父母，必须先增强自己的自制力，才能帮助孩子增强自制力。

6. 教育孩子坚持自己的想法

林清玄在《心田上的百合》中写道，在一个小山谷里生长的百合，刚长出来时跟野草一模一样，她想开出美丽的花朵，以此来证明自己是一株百合。周围的野草和昆虫都嘲笑她在做白日梦，不屑一顾地否认了百合是一朵花，谁也不欣赏她，但百合还是坚持着自己内心的想法。她说："不管有没有人欣赏，不管你们怎么看我，我都要开花。"最终，百合开出了美丽的花朵，她的种子飞到山谷的每一处缝隙里，使整个山谷都开满了百合。

在现实生活中，孩子可能也会遇到和百合一样的情况，承受许多讽刺和挖苦，如果孩子缺乏一颗自信而坚强的心，就很容易被别人击倒，从而进行很多自我贬低。我们作为父母要支持孩子敢于说"不"，敢于和不公正的评价抗争。这就需要我们引导孩子发挥主体性的力量，在出现侮辱时不能自我否定和自我贬低，而是敢于进行反驳。

邓肯是美国女舞蹈家、现代舞的先驱，毕生从事舞蹈改革与创新。邓肯的妈妈是一位音乐老师，从小就给予女儿良好的音乐教育，最关键的一点就是妈妈教会了她坚持自己的想法，不轻易接受别人的否定。

在邓肯上小学时，有一次过圣诞节，老师给大家分发糖果、蛋糕时告诉孩子，这是圣诞老人带来的，结果邓肯站起来告诉同学根本没有圣诞老人。老师非常生气，威胁她说，不相信圣诞老人就不给糖果、蛋糕，邓肯则坚定地说："那我不要你的糖果、蛋糕！"老师更生气，命令邓肯站到教室的前面作为惩罚，邓肯走到前面，竟然对同学开始了没有圣诞老人的演讲。老师又让她在墙角罚站，邓肯站在墙角，仍然扭头大声说："就是没有圣诞老人！就是没有圣诞老人。"最后，老师对她毫无办法，只好把她打发回家了事。在路上，她还一直叫喊："就是没有圣诞老人！"

回到家，她向妈妈讲述了事情的经过，妈妈则鼓励她说："没有圣诞老人，也没有上帝，只有你自己的灵魂和精神才能帮助你。"正是受妈妈追求美好和不甘平庸的精神影响，才使邓肯在舞蹈创作上独具一格，成为一位伟大的艺术家。

经常有家长反映，自己的孩子如何不听话，为了一件小事非坚持到底不可，有时候甚至哭闹一个多小时，最后非要父母妥协才罢休。我们作为父母，首先要了解孩子为什么喜欢坚持自己的想法。孩子在两三岁的时候进入"第一反抗期"，过去老实乖巧的孩子逐渐变得任性、脾气拧、爱反抗。其实，孩子不是没有道理地反抗，他是在坚持自己的主张，如果孩子的主张能够实现，对孩子的自我意识的确有着非常重要的作用。

只要我们经过仔细观察就会发现，孩子在很多小事上一直坚持自己的想法，比如穿什么样的衣服和鞋，自己走路不要大人抱，连续好几天睡前都要听《白雪公主》。孩子坚定地坚持自己的想法未必是坏事。自我意识强的孩子将来有很大机会发展成有主见、独立性强的人。

意大利科学家伽利略认为，10磅重的铁球和1磅重的铁球从同样高度同时落下，会同时落地。当时的人们都相信亚里士多德，全然反对和否认伽利略，但伽利略没有放弃，在比萨斜塔上，他做了铁球落地的实验，果真，他内心的想法是对的，两个铁球同时落地。

孙云晓说："我们要教会孩子坚持自己，对他人给予自己的侮辱和否定进行有效的反驳，而其中最关键的一点就是，用令人信服的事实进行反驳。如美国积极心理学之父塞利格曼所说，反驳必须是有依据的、可以被证实的。如果孩子的反驳是不清楚的或仅是空洞的积极思维，这种反驳就很难打消他的悲观想法。"

对此，孙云晓还举例说："比如当别人说孩子因为某件事失败而骂他笨时，孩子首先就需要搜集证据，证明自己在各个方面的成功。其次孩子要学会从不同的角度来看问题，一次失败并不能决定自己的一生，最后还要更加努力，变失败为动力，用最后的成功彻底反驳别人的否定。"

那么，我们应该如何教育孩子坚持自己的想法呢？

让孩子做主

"小事"由孩子自己安排，如过生日请哪些小朋友，到商店买什么样的衣服，选择什么玩具等。"大事"给孩子提供参与的机会，如房间的布置，可以和孩子一起筹划设计方案，鼓励孩子提出自己的建议，如果可行，则尽量采纳孩子的建议。在孩子得到多次的肯定、赞许和褒奖后，自然会增加自信，坚信自己的想法。

教会孩子说"不"

要使孩子有主见，必须破除孩子对权威的迷信，比如可以和孩子一起玩说"不"游戏，我们有意出错，让孩子挑出错误的地方，再比如我们说："桌子、椅子、床头柜、毛巾被都是可以用的东西，都是家具。"孩子说："不对，毛巾被是可以用的东西，但不是家具。"告诉孩子，无论大人还是孩子，都有可能出错。孩子意识到这一点，就不会盲从、模仿别人了。

和孩子一起做家庭智力游戏

我们可以提出一个主题或者难题，让孩子想出多种方法解答，如"小猴不小心掉进猎人为抓大灰狼而设的陷阱里了，它该怎么办呀？""人在什么情况下容易口渴？"引发孩子进行发散性思考，并提出解决问题的多种方法。

在做游戏时，我们应该注意：不要滥加指责与批评，孩子的答案越奇怪越新鲜越好，数量越多越好，想的办法越实用越好。这样可以使孩子认识到解决问题的途径是多种多样的，自己原来也有很多好主意。

孩子很容易受到别人的影响而不说出自己真正的想法，很多孩子明明对某件事有自己的想法，但是当看到大多数人持同一观点时，未免觉得底气不足，不敢表达出来，以免引起别人的非议。这时，我们就要学会鼓励孩子，让孩子勇敢地说出自己的看法。

7. 更好的教育是父母与孩子共同成长

现在的孩子，从出生那天起，父母就决定好了接受好教育，甚至出生前就做好了构想和安排。0~3岁，上国际早教班；4~7岁，上国际幼儿园；7~13岁，一定要买最好的学区房，上最火的小学；13~18岁，上知名中学或封闭式贵族中学；18岁以后，上名牌大学。不可否认，这确实是好教育。但是当孩子完成了父母安排的好教育会出现什么结果？

孩子在国际早教班或国际幼儿园学会了满口的伦敦腔，回到家来，家人完全听不懂；孩子回家给家人说要准备东西参加万圣节聚会，父母家人也完全不知道这是什么节日，只能置身事外，让孩子自己去准备聚会；孩子想和父母讨论莎士比亚与汤显祖的戏剧谁更好，父母却只懂得哪个电视台的电视剧好看。

父母给孩子安排了所谓的好教育，学习了无数的知识和技能，让孩子见识到了更广阔的世界，见识了这世间的波澜壮阔。最后，孩子与父母活成了两个世界的人，知识认知不在一个维度、价值观念不在一个层面，甚至都无法沟通到一起……

导致这种情况的原因就是父母与孩子没有在学习和成长问题上互动！长期以来，我们一直把成长看成是孩子的事情，其实不然。成长是父母与孩子共同的事情，是父母与孩子必须共同面对的问题。

中国教育学会副会长朱永新说：父母仅仅满足于自己的成长是不够的，甚至仅仅用自身的成长故事、成长榜样影响孩子也是不够的。成长有一个共作效应，有一个生命的成长场。父母与孩子一起阅读，与孩子一起锻炼健身，与孩子一起郊游走进大自然，与孩子一起参观博物馆，不仅能够让孩子拓宽视野、增强体质，还会让自己也收获满满。父母与孩子在成长的过程中完全是互动的关系。父母的成长会带动孩子的成长，孩子的成长也会促进父母的成长。此外，抚养孩子并不仅是父母的任务，还是父母进行精神生命第二次发育的最佳时机。对孩子的抚育过程，是父母对自身成长历程的一种折射。

孙云晓也说：父母教育孩子，不是靠学历、收入和地位，而是靠教育理念、教育方法和教育能力。教育孩子的前提是了解孩子，了解孩子的前提是尊重孩子。但很多父母并不了解孩子的内心世界，也不懂得尊重孩子的个性和性别差异。加之信息时代的到来，使得很多家长对于新媒体掌握的能力不如孩子，这些都要求家长持续不断学习。

张德芬一直认为，教育孩子就是教育自己，做一个好人，很开心的人，内在的智慧也会出来，才有能力教育孩子。修好自己，心境转，外境不会不转，好的转变就是这么来的。张德芬从来没有放松自己的学习。"我必须和孩子们一起成长。了解周围的环境，结交新的朋友，修炼自己的心灵，都必须从学习开始。我发现，在我心情很不好的时候，也是儿子情绪焦躁的时候，因为我在影响他。"

有一天早晨，张德芬听见儿子大声斥责他妹妹，让她赶快出门，语气充满了不耐烦和怒气。张德芬很不高兴，想出言阻止儿子。但是，她立刻又察觉到：这是谁教他的？谁以身作则地教他对人不耐烦和愤怒时如何表达？谁让他一大早就怒气冲冲地出门？这不正是自己一贯以来对他的态度吗？因此一念之转后，那一刻，她感到十分惭愧。

从某种意义上说，孩子是父母的老师，他来到这个世界上，督促父母把从前忽略的课程补上，不断完善自己的人生地图。如果我们处理不了与自己、与他人的关系，怎能处理好与孩子的关系？如果我们对这个世界不再好奇，又怎么能留住孩子的好奇心？

有位妈妈感叹道："我现在才理解'孩子是天使'这句话，如果不是养育他遇到困难，我不会去探索，不会深刻反思自己的成长历程和思维模式。现在，我的生命在走向开阔，这是孩子带来的改变。"

如果我们抗拒成长，就会把成长的任务转嫁到孩子身上。很多父母觉得自己不够好，自己做不到的就要求孩子做到。但是当我们在逼迫孩子要上进、要出人头地时，应该检讨一下自己的动机。我们是否想透过孩子来证明我们自己是谁？自己不够优秀，希望在孩子身上弥补遗憾？还是我们觉得自己很优秀，所以孩子也要和我们一样，免得丢我们的脸？

张德芬告诉家长，孩子不是你的财产，让你把握；也不是泥人，任你捏。"只要不把孩子当成父母的投射板，孩子多半就会有个快乐的童年。不要再让孩子替你圆梦，不要再给孩子过多的苛求，不要……不要……太多的不要。"

教育专家杨杰在《让孩子心悦诚服》一书中写道："我始终觉得，教育的方法和技巧，只是孩子成才的冰山一角。有时候，孩子的教育，拼的是功底，拼的是父母的处世态度和人生感悟。也就是说，父母的整个人生，都会参与到教育中来。"因此，我们作为父母要经常学习，提升自己。

每天读书

主持人董卿说："读书让人学会思考，让人能够沉静下来，享受一种灵魂深处的愉悦。"读书不仅会让我们越来越充满智慧，同时也在潜移默化中影响孩子。

学习新的语言

在日新月异的全球化时代，能够说两种或者更多的语言能够给人带来很多好处。我们可以环游世界，轻松和当地人交流，成为更有竞争力的求职者，交到非英语母语的新朋友。同时，最近的研究表明，学习新的语言对人的大脑有巨大的影响，使人变得更聪明。

培养一个新的习惯

日本作家古川武士说："你全部行为的95%，都是由你的习惯决定的。"好习惯可以带给我们很多好处，比如在工作学习上进步、促进人际关系、强健体魄、对社会有贡献等。

外出旅行

旅行可以欣赏美景、陶冶情操,使自己近距离接触大自然,身心得到放松。同时,我们还可以增长见识,开阔眼界,对我们思考的方式方法有积极的影响。

向你佩服的人学习

每个人在生活中都有自己佩服的人,他们可以是伟大人物,也可以是我们的朋友或亲人,甚至是一个陌生人。当我们从榜样的身上学到自己所没有的东西时,不仅会丰富自己,还会充满无限的正能量。

一位知名的教育家说:"教育孩子的王道,是执着地栽培自己。"教育最理想的状态就是:孩子懂的,我们懂;孩子不懂的,我们也懂,至少,我们要与孩子有交集。这个漫长的求索过程,既是为自己,也是为孩子。孩子的起点,是父母的肩膀。如此说来,孩子永远不会有相同的起跑线。